Das Neue Gicht- und Rheumakochbuch

mit vielen Informationen rund um das Thema Essen

Dr. Gabriela Eichbauer-Sturm

052

107

090

Impressum:
© 2017 by Dr. Gabriela Eichbauer-Sturm
A – 4040 Linz, Freistädter Straße 16
1. Auflage 2017

Layout und Gestaltung: Sandra Bauer
Herstellung: TRAUNER Druck GmbH & Co KG, Linz
Herausgeber: Dr. Gabriela Eichbauer-Sturm
Bildnachweis: Dr. Gabriela Eichbauer-Sturm, S.: 7, 8, 10, 12, 14, 16, 38, 39, 48, 49, 58, 59, 68, 69, 76, 77, 84, 85, 92, 93, 102, 103, 120, 121, 128, 129, 146, 147, 172, 173
Alle restlichen Fotos und Illustrationen: shutterstock.com, AdobeStock.com

ISBN 978 – 3 – 903098-03 9

095

140

112

Vorwort

Der Wunsch vieler Patienten ist, eine rheumatische Erkrankung durch eine bestimmte Diät zu heilen. Doch leider ist es nicht möglich, durch Meiden von Milchprodukten, tierischem Eiweiß oder Gluten diese Krankheiten zu beeinflussen. Im Gegenteil, häufig führen sie zu Fehl- und Mangelernährung.

Die ideale Ernährungsform ist eine entzündungshemmende Diät. Darunter versteht man, dass krankheitsverstärkende Nährstoffe gemieden werden, entzündungsfördernde Nährstoffe vermindert und die Zufuhr von entzündungshemmenden Nährstoffen (Antioxidanzien und Omega-3-Fettsäuren) verstärkt wird.

Im Zentrum einer entzündungshemmenden Diät steht die Arachidonsäure. Diese dient als Ausgangssubstanz für die Bildung entzündungsfördernder Substanzen. Einen hohen Arachidonsäureanteil haben Lebensmittel von tierischer Herkunft. Deshalb sollte eine übermäßige Zufuhr von Produkten tierischer Herkunft vermieden werden. Der häufig in der Laienpresse postulierte Verzicht auf Fleisch ist unnötig: Zu bevorzugen sind arachidonsäurearme Varianten, wie artgerecht gehaltenes Wild und Geflügel. Das Fleisch von Pflanzenfressern enthält generell weniger Arachidonsäure als das von Raubtieren und Schweinen.

Ideal ist eine arachidonsäurearme Ernährung kombiniert mit einem hohen Anteil an Omega-3-Fettsäuren, welche sich besonders im Fisch und in Verwendung von Ölen mit einem hohen Anteil an alpha-Linolsäure findet. Die Alpha-Linolsäure ist im Rapsöl, Walnussöl, Leinöl, Weizenkeimöl und Sojaöl reichlich vorhanden. Die Verwendung dieser Öle kann zur Entzündungshemmung beitragen.

Wichtig ist die regelmäßige Aufnahme von Antioxidanzien wie Vitamin E, Vitamin C, -Carotin oder Selen. Diese Antioxidanzien finden sich in pflanzlichen Lebensmitteln. Neben dem Verzehr von fünf Portionen Obst und Gemüse täglich, sollten regelmäßig Nüsse und Samen (z. B. Haselnüsse, Walnüsse, Mandeln, Sesam, Leinsamen) genossen werden. Im

Vorwort

Dr. Gabriela Eichbauer-Sturm

Obst sind neben den Antioxidantien eine Vielzahl von Vitaminen, Mineralstoffen und sekundären Pflanzenstoffen enthalten.

Aus all diesen Nahrungs- und Lebensmitteln lassen sich hervorragende Gerichte kochen, die nicht nur Menschen mit rheumatischen Erkrankungen schmecken.

Dieses Kochbuch ist auch gut für Gichtpatienten geeignet, spezielle Rezepte sind mit einem G gekennzeichnet.

Zum Schluss noch ein Wort zum Übergewicht. Dass ein hohes Gewicht die Hüft-, Knie- und Sprunggelenke belastet, ist jedem klar. Neu ist die Tatsache, dass das Fettgewebe im Körper entzündungsfördernde Stoffe, sogenannte Adipokine, bildet. Diese Stoffe beschleunigen den Abbau der Knochensubstanz. Dadurch wird die Entstehung von Arthrosen gefördert. Übergewicht reduzieren zahlt sich aus, aber wirksam ist nur eine Kombination aus gesunder, kalorienreduzierter Ernährung und einer regelmäßigen sportlichen Betätigung.

In diesem Sinne – viel Freude beim Lesen, Nachkochen und Genießen!

Inhaltsverzeichnis

Inhaltsverzeichnis

Ein Hoch auf die Gartenarbeit 018
Fett ja – aber die richtigen! 020
Fisch essen ist besser als Kapseln schlucken! 021
Gluten – wo ist es drinnen? 024
Lauch – das unterschätzte Gemüse 026
Wärmende und kühlende Lebensmittel 028
Rheumapatienten dürfen Tomaten essen 030
Was tun bei Eisenmangel? 031
Sport als Medizin 032
Gicht 033
Der Eiweißbedarf älterer Menschen 036

FRÜHLING

Basische Suppe G 040
Bärlauchpesto 041
Entschlackungssuppe G 042
Eingelegtes Gemüse G 043
Frischkäsetörtchen mit Kresse, glacierten Tomaten
und eingelegten Gänseblümchen G 044
Leichte Bohnensuppe mit Thymian G 045
Karotten-Ingwer-Suppe G 046
Brunnenkressesuppe 047
Eingelegter Stangensellerie G 050
Sauermilch-Kräutersuppe G 051
Überbackene Paprika G 052
Erdbeersalat G 053
Humus 054
Rehröllchen mit Rohschinken G 055

Inhaltsverzeichnis

Brennnesselspinat mit Polenta und Ei G 056
Sesamspinat mit pochiertem Ei 057
Spargel vom Blech G 060
Ofenspargel mit Bärlauch-Vinaigrette G 061
Milchlammrücken mit Kräuterkruste
und Tomaten-Graupenrisotto 062
Quinoa-Auflauf G 064
Gedämpfter Zander mit buntem Gemüse G 065
Kichererbsen-Spinatpfanne mit Karottensalat G 066
Vegane Bolognese mit schwarzen Linsen G 070
Lammkoteletts mit Salbei-Tomaten, Butter und Zucchini 071
Schneller Beerenauflauf G 072
Karottenmuffin mit Chia-Samen G 073
Topfentorte gebacken G 074
Roseneis mit kandierten Rosenblüten 075

SOMMER

Ein einfacher, aber sehr „sinnlicher Salat" G 078
Eingelegte rote Zwiebel G 079
Schinkensalat 080
Vitello tonnato 081
Geeiste Apfel-Erbsen-Suppe mit Pecorino G 082
Kalte Avocado-Paprika-Suppe mit Thymian-Brotwürfeln G 083
Rote-Rüben-Suppe G 086
Rote-Rüben-Tartar auf Rucola G 087
Meeresalgensalat (Queller) mit Avocado und Gurke G 088
Peperonata G 089
Sommerlicher Radieschen-Römersalat G 090

| Inhaltsverzeichnis

Gnocchi mit Salbeibutter und grünem Salat G 091
Lammkronen mit geschmortem Gemüse 094
Quinoa-Laibchen auf Tomatensalat G 095
Scharfe Hühnerleber mit Pak Choi 096
Sellerienudeln mit Champignonsauce G 097
Zanderfilet auf Karfiol-Sellerie-Gemüse G 098
Gefüllte rote Zwiebel G 099
Spaghetti alla Puttanesca G 100
Scharfe Chili-Tomaten-Paprikamarmelade 101
Italienischer Auflauf mit Eierschwammerl 104
Ringlotten-Ingwer-Limonade 105
Heidelbeer-Schicht-Dessert 106
Pavlova mit Erdbeeren 107
Dinkel-Apfel-Muffin G 108
Lavendelsirup 109

HERBST
Kartoffelsuppe mit Sellerie-Gremolata G 112
Grüne Frittata G 113
Hirse-Lauch-Laibchen G 114
Kräuter-Zupfbrot G 115
Crostini mit Bohnencreme G 116
Broccolipuffer mit Kapern G 117
Grüner Nudelteig G 118
Rote-Linsen-Suppe G 119
Kürbissalat G 122
Honig-Gratinierter Ziegenkäse auf Spinatsalat
mit Preiselbeermarmelade G 123

Inhaltsverzeichnis

Gebratene Hühnerbrust mit Topinamburpüree G 124
Maisburger mit Spinat G 125
Gemüseauflauf G 126
Grünkohlgemüse mit Bachforelle
und Petersilienkartoffeln G 127
Kartoffel-Gemüse-Auflauf G 130
Welsfilet in der Papillote 131
Gebratener Reis mit Gemüse und Spiegelei G 132
Roastbeef 133
Petersilien-Couscous G 134
Gobetti mit Leber und Salbei 135
Kabeljaufilet mit Butterkürbisspaghetti G 136
Kartoffel-Kohl-Curry G 137
Gebratenes Rehfilet mit Kohlsprossenblättern G 140
Topfen-Rosinen-Weckerl G 141
Buttermilch-Parfait mit Trauben 142
Heidelbeer-Tarte 143
Rote-Rüben-Kuchen mit Birnen 144
Mohntorte G 145

WINTER

Gerstlsuppe 148
Kohlsprossensuppe G 149
Eingelegter Ingwer 150
Kartoffelstrudel G 151
Asiatischer Nudelsalat mit Hühnerleber 152
Jakobsmuschel im Hemd mit Petersilienmus 153
Saibling in der Folie gebraten mit Kartoffeln G 156

Inhaltsverzeichnis

Krautstrudel mit Kräuterrahm G 157
Ossobuco mit Gremolata und grünen Bandnudeln 158
Paprikahendl 159
Saiblingsfilet auf Rote-Rüben-Risotto G 160
Wildschweinragout mit Pilzen 161
Broccolipizza G 164
Englisch-indische Hühnersuppe G 165
Eiernudeln mit Huhn und Asia-Gemüse G 166
Gemüseeintopf G 168
Zucchinipasta Aglio et Olio G 169
Pochierter Saibling im Karottensud
mit Lauchsprossen G 170
Linsenbolognese mit Bandnudeln G 171
Zitronenhuhn mit Oliven G 174
Schokolade-Mousse-Torte 175
Weihnachtstrifle 176
Heißer Bratapfeltee 177
Gefüllter Apfel mit Topfensouffle G 178

Das „rheumatische" Weihnachtsmenü 180
Zeller-Rahm-Suppe mit Forellenfilet 182
Entenbrust mit Balsamico-Rotkraut 183
Schoko-Mocca-Mousse 184

Ein Hoch auf die Gartenarbeit!

Die Vorteile der Gartenarbeit sind häufig nicht bewusst. Durch die gleichmäßigen Bewegungen baut man Stress ab und kommt zur Ruhe. Die Konzentrationsfähigkeit steigt.

Sonnenlicht hilft bei Depressionen, fördert die Vitamin-D-Produktion und lässt Sorgen in den Hintergrund treten. Zusätzlich stärkt Gartenarbeit die Muskulatur und fördert die Motorik und Beweglichkeit.

Im Garten zu arbeiten ist ein wirksames Mittel gegen Burn-Out und gegen Erschöpfung.

Wichtig für Patienten mit rheumatischen Erkrankungen ist es, die Gelenke zu schonen. Ein Blick nach England lohnt sich, Firmen wie Sorby & Hutton bieten seit über 200 Jahren hochwertige Gartenwerkzeuge an. So ist das Unkrautjäten mit dem Unkrautjäter „Cape Cod Weeder" eine wahre Freude. Durch die schmale, scharfe Klinge gelingt das Jäten auch in eher steinigen und harten Erdoberflächen. Besonders geeignet ist es für Gemüsebeete und im Staudenbereich.

Aber auch die von Sophie Conran entworfenen Gartengeräte sind empfehlenswert. Ihre Gartengeräte zeichnen sich durch erstklassige Materialien, klare Formen und einen hohen Nutzwert aus. Das Besondere ist die ergonomische Form, die speziell auf weibliche Hände abgestimmt ist. Sophie Conrans Leitsatz: „ Je besser die Werkzeuge, desto einfacher die Gartenarbeit".

Wer Gemüse und Kräuter anbauen will, kann es auch in Töpfen machen. Allerdings müssen die Gefäße Löcher haben, damit das Wasser abrinnen kann. Tomaten, Paprika, Chili, Salbei, Rosmarin und Thymian immer an sehr sonnige Plätze stellen, Halbschatten bevorzugen Salate, Schnittlauch und Petersilie.

Gemüse in Hochbeeten anzubauen hat viele Vorteile. Der Rücken wird geschont, gefräßige Schnecken kommen schlechter an das Gemüse ran, alles wächst schneller und die Ernte ist reicher. Häufig ist auch die Anbausaison länger. Die beste Zeit ein Hochbeet anzulegen ist der Herbst oder das zeitige Frühjahr. Achten Sie darauf, dass es nicht zu groß wird, damit Sie bequem arbeiten können. Idealerweise sollte das Beet 80 – 120 cm hoch und nicht breiter als 130 cm sein. Anleitungen und Material finden Sie in allen Baumärkten und Gartencentern.

 TIPP: Unbedingt notwendig ist es jedoch, darauf zu achten, dass sich das Gemüse verträgt:

- **Tomaten** bevorzugen als Nachbarn gerne Karotten, Knoblauch, Kohl, Kopfsalat, Lauch, Spinat, Petersilie, Pfefferminze, Rettich, Rüben und Sellerie.
- **Zwiebeln** vertragen sich mit Dille, Erdbeeren, Gurken, Karotten, Kopfsalat, Rote Rübe und Zucchini.
- **Rhabarber** schätzen als Nachbarn Kohl, Kopfsalat und Spinat.
- **Erdbeeren** fühlen sich neben Knoblauch, Kohl, Kopfsalat, Lauch, Rettich und Zwiebeln sehr wohl.

Fett ja – aber die richtigen!

Fett wird allgemein als schlecht empfunden, das ist aber nicht richtig. Einige Fette sind für den Körper besonders wichtig.

Nahrungsfette werden anhand ihrer chemischen Struktur unterschieden:
- **Gesättigte Fettsäuren** und **Trans-Fettsäuren** – sie beeinflussen die Gesundheit negativ.
- **Einfache ungesättigte** und **mehrfach ungesättigte Fettsäure** – sie sind gut für uns.
- Wir sollten gesättigte Fettsäuren weniger essen, sie finden sich z. B. in Fleisch, Wurst, Kokosfett und vollfetten Milchprodukten.
- Meiden sollten wir Trans-Fettsäuren in frittierten Produkten, Knabbergebäck, Backwaren aus Plunder- und Mürbteig.
- Einfach und mehrfach ungesättigte Fettsäuren finden sich in Raps-, Lein-, Erdnuss-, Kürbiskern-, Olivenöl, Nüssen, Avocados und fettreichem Fisch.

Isst man mehr ungesättigte Fettsäure, sinkt der „schlechte" LDL-Cholesterinspiegel. Erhöhter LDL-Cholesterinspiegel ist ein wesentlicher Risikofaktor für Herz-Kreislauf-Erkrankungen.

Vorwort

Fisch essen ist besser als Kapseln schlucken!

Für eine gesunde Ernährung sind von den **Omega-3-Fettsäuren** vor allem die α–Linolensäuren, die Eicosapentaensäure (EPH) und die Docosahexaensäure (DHA) wichtig.

Die α–**Linolensäure** kommt vor allem in Walnüssen und hochwertigen pflanzlichen Ölen wie Leinöl, Rapsöl, Walnussöl, Weizenkeimöl und Sojaöl vor. EPA und DHA sind vor allem in Meeresfischen enthalten.

EPA und **DHA** sind keine essenziellen Fettsäuren, da sie auch aus α–Linolensäure gebildet werden, aber in unzureichender Weise. Aus diesem Grund kann auf die Zufuhr dieser Fettsäuren aus Fisch nicht verzichtet werden.

DHA sollten vor allem Schwangere in ausreichender Menge essen, es ist für die neurologische Entwicklung des Kindes wichtig.

EPA und DHA haben einen positiven Effekt bei Depressionen und man vermutet einen schützenden Effekt vor Demenz und Alzheimer-Erkrankung.

| Vorwort

Dass Omega-3-Fettsäuren einen entzündungshemmenden und gefäßschützenden Effekt haben, konnte in vielen Studien bewiesen werden.

In Untersuchungen konnte gezeigt werden, dass der Genuss von Fisch besser ist als die Einnahme von Fischölkapseln. Unbekannt sind derzeit noch die Gründe. In einzelnen Studien zeigte sich, dass 11–62 % der Omega-3-Kapseln oxidiert waren. Es ist noch unklar, ob dadurch eine nachteilige Wirkung auftritt, eine verminderte Wirkung ist aber denkbar. Häufig entsprechen auch die angegebenen Mengenangaben für EPA/DHA auf den Präparaten nicht den tatsächlich enthaltenen Mengen.

Die Europäische Behörde für Lebensmittelsicherheit (EPSA) empfiehlt die Aufnahme von 250 mg EPA und DHA pro Tag. In den Meeresfischen sind zwischen 0,2 g/100 g (Flunder) – 4,7 g/100 g (Thunfisch) ungesättigte Fettsäuren enthalten, in den Süßwasserfischen zwischen 0,2 g/100 g (Barsch, Zander) und 4,2 g/100 g (Lachs-Salm) enthalten.

Wer also 2 x/Woche je 150 g Fisch isst, kommt auf die empfohlene Menge. Empfohlen ist eine Mahlzeit von einheimischen Fischen wie Forelle, Saibling, Karpfen und einmal ein fettreicher Meeresfisch (Lachs, Makrele, Hering, Thunfisch).

Schwangere, Stillende und Kleinkinder sollen keine Raubfische wie Thunfisch, Schwertfisch, Heilbutt oder Hecht essen, da sie zu den am stärksten mit Quecksilber belasteten Fischen zählen.

 Wer ganz auf Meeresfische verzichten will, sollte täglich einen Esslöffel Rapsöl essen.

Vorwort

Gluten – wo ist es drinnen?

Für Menschen, die an einer Zöliakie oder Glutensensitivität leiden, ist es unbedingt notwendig, Gluten zu meiden. Bei der Zöliakie handelt es sich um eine chronische Erkrankung der Dünndarmschleimhaut. Isst man Gluten, bilden sich die Darmzotten zurück und der Körper kann aufgrund der geringeren Dünndarmoberfläche nicht mehr genügend Nährstoffe aufnehmen. Hier ist ein lebenslanger Verzicht auf Gluten die einzige Therapie. Anders ist es bei der Glutensensitivität. Betroffene klagen über körperliche Beschwerden, aber es besteht keine Schädigung des Darms.

Weizen und die daraus hergestellten Mehle haben den höchsten Glutengehalt. Nur Dinkel enthält noch mehr Gluten. So findet sich im Weizenmehl Type 405 8660 mg Gluten/100 g, im Dinkelmehl Type 630 ca. 10.300 mg Gluten/100 g. Roggen enthält zwei Drittel weniger Gluten!

Weißbier enthält mit 274 mg/100 g das meiste Gluten, Pilsner Lagerbier mit 1,2 mg/100 g am wenigsten.

Produkte dürfen laut EU-Verordnung mit „sehr geringem Glutengehalt" gekennzeichnet werden, wenn sie 100 mg Gluten/kg Lebensmittel nicht überschreiten.

 Unter „Glutenfrei" versteht man Produkte, die den Höchstgehalt von 20 mg/kg nicht überschreiten.

Vorwort

Vorwort

Lauch – das unterschätzte Gemüse

Lauch oder Porree gehört zu den Zwiebelgemüsen.

Durch seinen relativ hohen Vitamin-C-Gehalt unterstützt er die Abwehrkräfte. Schon deshalb sollte er öfters auf unserem Speiseplan stehen. Isst man Lauch mit Vollkornprodukten wie z. B. Vollkornnudeln oder Hirse, kann das darin enthaltene Eisen besser aufgenommen werden. Ein zusätzlicher Effekt, der das Immunsystem unterstützt.

Alliin ist eine Schwefelverbindung, die beim Zerschneiden des Gemüses zu Allicin wird. Allicin hemmt das Wachstum von Bakterien, Pilzen und Viren. Dadurch hilft es uns bei Infektionen und Entzündungen. Allicin hat zusätzlich einen positiven Einfluss auf die Blutgerinnung und dies tut den Gefäßen gut. Weiters wird angenommen, dass Allicin wie Quercetin vor Darmkrebs schützt und vielleicht auch noch das Risiko für andere Krebsarten senkt.

Lauch fördert die Verdauung, Ursache sind die darin enthaltenen löslichen und unlöslichen Balaststoffe. Diese haben einen positiven Einfluss auf unsere Darmbakterien und regen die Darmtätigkeit an. Die Darmgesundheit wird zusätzlich durch Quercetin beeinflusst. Quercetin wirkt krebshemmend, bakterienhemmend und antioxidativ. Dadurch beugt es Darminfektionen vor und kann vor Darmkrebs schützen.

Lauch enthält viel Vitamin B6. Vitamin B6 fördert den Aufbau von körpereigenem Eiweiß zum Muskelaufbau. Es hilft bei der Bildung von Botenstoffen und Hormonen. Besonders erwähnenswert sind hier Serotonin und Dopamin, die uns helfen besser mit Stress umzugehen und Glück zu empfinden. Also – Lauch essen hebt unsere Laune.

Und zu guter Letzt, Lauch stärkt auch die Knochen, da er sehr kalziumreich ist. Kalzium stärkt aber nicht nur die Knochen, sondern schützt auch die Zähne.

Vorwort

Lauch enthält viel Alliin. Alliin ist auch im Knoblauch und in Zwiebeln enthalten.

| Vorwort

Wärmende und kühlende Lebensmittel

Viele Frauen klagen, vor allem bei kaltem und feuchtem Wetter, leicht zu frieren und an kalten Händen und Füßen zu leiden. Die Betroffenen sollten zu diesen Zeiten auf ungekochte Speisen wie Milchprodukte, Salat und Rohkost verzichten. Lebensmittel, die gekocht, gedünstet, gebraten und geschmort werden, geben dem Körper Energie ab. Besonders zu empfehlen sind Eintöpfe, Suppen und Aufläufe. Durch Würzen mit wärmenden Gewürzen wie Ingwer, Pfeffer, Curry, Anis, Kümmel und Koriander ist ein zusätzlicher Effekt zu erzielen.

 Lebensmittel, die uns einheizen:

Fisch: Kabeljau, Sardelle, Scholle, Thunfisch, Sardine, Hering, Hummer, Languste und Garnelen

Fleisch: Hirsch, Fasan, Rebhuhn, Reh, Wildschwein, Lamm, Schaf, Ziege, Huhn, sowie alle gegrillten Fleischsorten

Obst und Gemüse: Zwetschken, Granatapfel, Fenchel, Kürbis, Kohlsprossen, Petersilienwurzel, Kren, Erdäpfel

Nüsse: Walnuss, Pistazien, Erdnuss, Kokosraspel

Getreide: Reis und Dinkel

Hingegen sollten Menschen mit hohem Blutdruck oder Frauen, die unter Hitzewallungen leiden, Speisen, die dem Körper Hitze zuführen, meiden.

 Hier sind folgende kühlenden Lebensmittel empfohlen:

Obst und Gemüse: Ananas, Kiwi, Rhabarber, Bananen, Algen, Gurken, Paradeiser, Spinat, Spargel

Pilze: Steinpilze, Austernpilze, Champignons

Getreide: Haferflocken

TOP! Kochen weckt neue Lebensfreude.

Rheumapatienten dürfen Tomaten essen!

Tomaten sind sehr gesund. Sie enthalten die Vitamine A, B, C und E, Mineralstoffe und Spurenelemente wie Kalium, Magnesium, Eisen, Kalzium, Kupfer und Zink. Sie bestehen zu 94 % aus Wasser und sind sehr kalorienarm.

Besonders erwähnenswert ist der darin enthaltene sekundäre Pflanzenstoff Lycopin. Dieser schützt unsere Körperzellen vor freien Radikalen. Es besitzt auch eine gefäßschützende Wirkung. In rohen ganzen Tomaten ist Lycopin in den Pflanzenzellen eingeschlossen und nur schwer verfügbar. Deshalb sollten Tomaten unbedingt auch in gekochter und pürierter Form genossen werden. Doch die Tomate kann noch mehr: sie hat einen hohen Carotin- und Vitamin-C-Gehalt.

Damit das Gemüse seine positiven Seiten behält, mess es richtig gelagert werden. Am besten hält es sich bei einer Temperatur von 13–18 °C. Den Kühlschrank mögen Tomaten nicht.

Essen sie keine unreifen Tomaten und schneiden sie grüne Stellen sowie den Stielansatz immer weg. Diese enthalten das Pflanzengift Tomatin.

In größeren Mengen eingenommen führt es zu Kopfschmerzen, Brennen im Hals, Durchfall und Übelkeit.

Ich lasse gerne die Schale an den Tomaten, da in der Schale der gesundheitsfördernde Stoff Quercetin enthalten ist. Dieser Stoff hat sehr viele Eigenschaften, er schützt unser Herz-Kreislaufsystem, verhindert allergische Reaktionen und wirkt entzündungshemmend.

Was tun bei Eisenmangel?

Entzündlich rheumatische Erkrankungen sind häufig mit einem Eisenmangel verbunden. Aus diesem Grund: Essen Sie genug Eisen!

Männer sollten täglich rund 10 mg Eisen zu sich nehmen, Frauen im gebärfähigen Alter mindestens 15 mg.

Rotes Fleisch z. B. vom Rind 1 x/Woche genossen, wird vom Körper besonders gut verwertet und gilt deshalb als idealer Eisenspender. Daneben enthalten Samen, z. B. Sesam, Leinsamen, Getreidesorten wie Hirse, Soja und Hafer sowie Hülsenfrüchte wie Linsen und Bohnen viel Eisen.

Auch rote Früchte, Trockenobst und Nüsse sind eisenreich.

Beim Gemüse kann besonders Blattgemüse wie Spinat empfohlen werden. Durch den Zusatz von Vitamin C, z. B als Zitronensaft, wird das Eisen noch besser verwertet.

Hingegen sollten Eisenräuber wie schwarzer Tee, Kaffee, Schokolade, Cola und Vollkornprodukte bei Eisenmangel gemieden werden.

Bei entzündlichen Erkrankungen ist es unbedingt notwendig, durch entsprechende Medikamente die Entzündung in den Griff zu bekommen, denn dann verschwindet der Eisenmangel von selber.

Sport als Medikament wirkt sich positiv auf die Gesundheit aus.

SPORT als MEDIZIN

Neben einer gesunden Ernährung hat Sport einen wichtigen Stellenwert. Sport kann man durchaus als Medikament bezeichnen. Richtig ausgeübt hat er wenige Nebenwirkungen.

Durch regelmäßiges Ausdauer- und Krafttraining kommt es zu einer Senkung des Blutzuckers, einer Erhöhung der Insulinsensitivität und der Blutdruck wird gesenkt.

Um Nebenwirkungen zu vermeiden, sollten einige Punkte beachtet werden.

Auf die richtige Dosierung kommt es an! Erwachsene und Jugendliche über 16 Jahren sollten anfangs 2 bis 3 Mal pro Woche Sport betreiben. Steigern Sie den Trainingsumfang nicht zu rasch. Am besten ist eine Steigerung um 10 % pro Woche. Diese Regel gilt sowohl für Ausdauersportarten wie Laufen und Walken, aber auch Kraft- und Gewichtssportarten.

Um Verletzungen vorzubeugen, sollten Sie sich vorher gut aufwärmen. Besprechen Sie die für Sie geeigneten Sportarten unbedingt mit Ihrem Arzt.

In der Schwangerschaft sollten Sportarten mit erhöhtem Verletzungsrisiko, wie Stürze und Stoßbelastungen, unbedingt gemieden werden. Ausdauertraining in einem moderaten Umfang kann absolviert werden.

Die Gicht

Die Gicht ist eine sehr häufige, aber oft unterschätzte Erkrankung. Sie ist die häufigste entzündliche Gelenkserkrankung in der westlichen Welt. Die Erkrankung ist sehr oft vererbt, deshalb sind viele Familienmitglieder betroffen, Männer häufiger als Frauen, da bei diesen vor den Wechseljahren die weiblichen Hormone schützen. Wissenschaftlich belegt ist die Tatsache, dass die Gicht sehr häufig mit Herz-, Zucker- und Nierenkrankheiten zusammenhängt.

| Vorwort

Die Gicht ist nicht heilbar, aber durch eine konsequente Senkung der Harnsäure lässt sich die Krankheit sehr gut behandeln. Die „richtige" Ernährung ist dabei sehr wichtig. Oft geistern noch immer falsche Meinungen herum, z. B. dass Gichtpatienten keine Hülsenfrüchte essen dürfen!

Hier sind die neuen Empfehlungen für Gichtpatienten:

Nicht empfohlen sind:

- Bier und Spirituosen
- Softdrinks, Fruchtsäfte und Obst mit hohem Fruchtzuckergehalt

Nur sehr selten und wenn in geringen Mengen sollten:

- Purinreiches (rotes) Fleisch wie Rind, Schwein und Lamm
- Meeresfrüchte wie Krustentiere und Muscheln gegessen werden.

Zu empfehlen ist:

- Jedes Gemüse, auch purinreiches wie Hülsenfrüchte
- Fettarme Milch und Milchprodukte
- Eine ausreichende Vitamin-C-Versorgung, jedoch max. 100 mg Vitamin C/Tag
- Regelmäßiger Genuss von Kaffee

Wein stellt ein geringes Risiko für einen Gichtanfall dar und darf in geringen Mengen genossen werden. Gewichtszunahme und Übergewicht erhöhen das Risiko für einen erhöhten Harnsäurespiegel und für Gichtanfälle. Eine langsame Gewichtsreduktion kann vor Gicht schützen!

Noch vor Jahren wurde Fruchtzucker als Zuckerersatz gepriesen. Diese Empfehlung hat sich leider als falsch herausgestellt.

Vorwort

Unsere Leber wandelt Fructose gezielt in Fett um. Wer viele Nahrungsmittel mit hohem Fructoseanteil zu sich nimmt, kann mit der Zeit Krankheiten wie Übergewicht, Diabetes, Bluthochdruck und Fettstoffwechselstörungen entwickeln. Ein hoher Fruktoseanteil in der Nahrung führt zu einem Anstieg der Harnsäure und kann Gichtanfälle auslösen. Eine normale Tagesration an Früchten ist unbedenklich und gesund.

Um Ihnen die Auswahl der geeigneten Rezepte zu erleichtern, sind diese mit einem G gekennzeichnet.

| Vorwort

Achtung! Menschen mit einem Nierenleiden sollen nicht so viel Eiweiß essen.

Der Eiweißbedarf älterer Menschen

In vielen Untersuchungen konnte nachgewiesen werden, dass eine vermehrte Aufnahme von Eiweiß ab dem 65. Lebensjahr sich positiv auswirkt. Nimmt man zu wenig Eiweiß zu sich, führt es zu einem Verlust der Muskelmasse und Muskelkraft, zu Osteoporose und das Immunsystem ist weniger aktiv. Dies alles führt zu vermehrten Stürzen, Schmerzen und resultiert in einer deutlich reduzierten Lebensqualität.

Bisher wurde eine Mindest-Eiweißzufuhr von 0,8 g pro kg Körpergewicht empfohlen. Das bedeutet, dass eine 60 kg schwere Frau mindestens 48 g Eiweiß zu sich nehmen soll. Ab dem 65. Lebensjahr sollte eine optimierte Eiweißaufnahme von 1,0–1,2 g pro kg Körpergewicht erfolgen. Nur Menschen mit einem Nierenleiden sollen nicht so viel Eiweiß essen, allen anderen ist es empfohlen.

Gute Eiweißquellen sind Fisch, Meeresfrüchte, mageres Fleisch, Milchprodukte, Hülsenfrüchte, Eier, Vollkornprodukte und Nüsse.

In Gemüse ist wenig Eiweiß enthalten, so findet sich z. B. in 100 g Kürbis nur 1 g Eiweiß; in 100 g Kartoffel 2 g Eiweiß. Auch Obst ist kein wirklicher Eiweißspender, in Äpfel und Birnen sind gar nur 0,3 g Eiweiß in 100 g enthalten.

Möchte man keinen Fisch oder Fleisch essen, sollten Obst und Gemüsemahlzeiten immer mit Vollkornprodukten (z. B. Dinkel, Gerste, Hirse, Weizen, Roggen) oder Hülsenfrüchten (z. B. Linsen, Erbsen, Bohnen, Sojabohnen) kombiniert werden.

Frühling

Basische Suppe G	040
Bärlauchpesto	041
Entschlackungssuppe G	042
Eingelegtes Gemüse G	043
Frischkäsetörtchen mit Kresse, glacierten Tomaten und eingelegten Gänseblümchen G	044
Leichte Bohnensuppe mit Thymian G	045
Karotten-Ingwer-Suppe G	046
Brunnenkressesuppe	047
Eingelegter Stangensellerie G	050
Sauermilch-Kräutersuppe G	051
Überbackene Paprika G	052
Erdbeersalat G	053
Humus	054
Rehröllchen mit Rohschinken G	055
Brennnesselspinat mit Polenta und Ei G	056
Sesamspinat mit pochiertem Ei	057
Spargel vom Blech G	060
Ofenspargel mit Bärlauch-Vinaigrette G	061
Milchlammrücken mit Kräuterkruste und Tomaten-Graupenrisotto	062
Quinoa-Auflauf G	064
Gedämpfter Zander mit buntem Gemüse G	065
Kichererbsen-Spinatpfanne mit Karottensalat G	066
Vegane Bolognese mit schwarzen Linsen G	070
Lammkoteletts mit Salbei-Butter und Zucchini	071
Schneller Beerenauflauf G	072
Karottenmuffin mit Chia-Samen G	073
Topfentorte gebacken G	074
Roseneis mit kandierten Rosenblüten	075

| Frühling

Basische Suppe G

Zutaten:
1 Stange Lauch
2 Karotten
2 Petersilienwurzeln
1 Sellerieknolle
2 Knoblauchzehen
2 Lorbeerblätter
6 Pfefferkörner
2 cm Ingwer
Petersilie (Stängel und Kräuter)

Zubereitung:

Gemüse putzen.

Zwiebel, Lauch und Knoblauch in grobe Stücke schneiden.

Gemüse in kleine Würfel schneiden und alles mit den Gewürzen und der grob geschnittenen Petersilie in einen Topf geben und mit 3 Liter Wasser auffüllen.

Suppe bei schwacher Hitze 50–60 Min. köcheln, abseihen.

Fein pürieren.

Mindestens 1 Liter davon über den Tag verteilt lauwarm trinken.

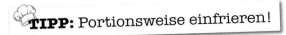
TIPP: Portionsweise einfrieren!

Bärlauchpesto

Zutaten:

100 g frischer Bärlauch
100 ml Olivenöl
40 g Walnüsse
10 g Meersalz

Zubereitung:

Bärlauch waschen, abtropfen lassen. Anschließend in ein frisches Geschirrtuch einrollen und gut trocken tupfen.

Bärlauch sehr fein hacken und Salz, die sehr klein gehackten Walnüsse und das Olivenöl dazugeben. Gut durchrühren.

Passt gut zu Nudeln oder dem Spargel aus dem Backofen.

Achtung: Beim Pflücken des Bärlauchs bitte darauf achten, dass nicht irrtümlich andere Pflanzen wie z. B. Maiglöckchen oder die hochgiftige Herbstzeitlose eingesammelt werden.

| Frühling

ENTSCHLACKUNGSSUPPE

Zutaten:
2 EL Butter
1 Frühlingszwiebel
2 Kartoffeln
2 EL Mehl
1/8 l Weißwein
Gemüsesuppe
Ingwer gemahlen
Muskatnuss
Salz
Zitrone

Frühlingskräuter:
Brennnessel
Brunnenkresse
Giersch
Löwenzahnblätter
Sauerampfer
Scharbockskrautblätter
Taubnessel
Gundelrebe
Wegerichblätter

Am Gründonnerstag wird der Tradition entsprechend eine Suppe aus den ersten grünen Kräutern gekocht. Sie soll die Lebensgeister wecken, die Frühjahrsmüdigkeit vertreiben und den Körper entschlacken.

Zubereitung:

Frühlingszwiebel klein schneiden und in Butter anschwitzen.

Kartoffeln schälen und in kleine Würfel schneiden. Dazugeben, mit Mehl stauben und mit Weißwein ablöschen. Mit Gemüsesuppe aufgießen.

Wenn die Kartoffeln weich sind, Kräuter dazugeben und einmal kurz aufkochen lassen.

Mit Muskatnuss, Salz, gemahlenem Ingwer und Zitronensaft abschmecken.

Eingelegtes Gemüse G

Zutaten:

500 g rote, grüne, gelbe Paprika
300 g grüne Pfefferoni
200 g Zucchini
150 g Schalotten
5 Knoblauchzehen
100 ml Weißweinessig
75 g Zucker
15 g Salz
Saft 1 Zitrone
500 ml Wasser
4–5 Zweige Thymian

Zubereitung:

Paprika, Pfefferoni und Zucchini gründlich waschen, Zucchini schälen. Das Gemüse in mundgerechte Stücke schneiden. Schalotten und Knoblauch schälen.

Gemüse mit Essig, Zucker, Salz, Zitronensaft und Wasser in einem Topf 12 Std. ziehen lassen. Anschließend aufkochen und 3 Min. köcheln lassen.

Noch heiß in sterilisierte Gläser füllen, Thymian dazugeben und sofort verschließen, abkühlen lassen und dunkel lagern.

TIPP: Haltbarkeit: ca. 6 Monate

| Frühling
FRISCHKÄSETÖRTCHEN
MIT KRESSE, GLACIERTEN TOMATEN UND EINGELEGTEN GÄNSEBLÜMCHEN

Zutaten:

Eingelegte Gänseblümchen:
1 Handvoll Gänseblümchen
1 TL Holunderblütensirup
2 EL Weißweinessig
3 EL Distelöl

Glacierte Tomaten:
250 g gelbe und rote Kirschtomaten
4 EL Olivenöl
2 TL Honig
Grobes Meersalz

Frischkäsetörtchen:
400 g Frischkäse
100 g Sauerrahm
Salz
Pfeffer
Zitronensaft
Gartenkresse

Eingelegte Gänseblümchen: Gänseblümchen kalt abspülen, trocken schütteln. Mit Zutaten marinieren.

Glacierte Tomaten: Tomaten kurz in kochendes Wasser tauchen, in kaltem Wasser abschrecken und die Haut abziehen. Tomaten in Olivenöl und Honig weich schmoren und mit Meersalz bestreuen.

Frischkäsetörtchen:

Frischkäse mit Sauerrahm glatt rühren und mit Salz, Pfeffer und Zitronensaft abschmecken. 6 Blatt Gelatine in etwas warmen Wasser auflösen und unter ständigem Rühren einrühren.

Kresse unter den Frischkäse mischen.

In kleine Tortenformen einfüllen, 4 Std. kühlen. Dann auf größere Teller stürzen und mit den geschmorten Tomaten, Kresse und eingelegten Gänseblümchen dekorieren.

Leichte Bohnensuppe mit Thymian G

Zutaten für 4 Personen:

2 rote Zwiebeln

1 Porreestange

Frische Thymianblätter (notfalls 1 TL getrockneten Thymian)

500 g weiße Bohnen

4 EL Olivenöl

Salz, Pfeffer

1,5 l Gemüsesuppe

Apfelessig

Zubereitung:

Zwiebel und Porree klein schneiden, Thymian hacken.

Zwiebel in Olivenöl anschwitzen, anschließend die Bohnen dazugeben, mit Salz, Pfeffer und Thymian würzen und mit der Suppe aufgießen.

10 Min. köcheln lassen, mit Essig abschmecken.

| Frühling

Karotten-Ingwer-Suppe

Zutaten für 4 Personen:
1 Zwiebel
1 Knoblauchzehe
30 g Ingwer
600 g Karotten
150 g mehlige Kartoffeln
30 g Butter
1 EL brauner Zucker
550 ml Gemüsesuppe
Currypulver
Salz
Pfeffer
Cayennepfeffer
1 EL Zitronensaft
½ Bund Koriander

Zubereitung:

Zwiebel und Knoblauch schälen und in feine Würfel schneiden. Karotten und Kartoffeln schälen und klein schneiden.

Zwiebel in Butter glasig anschwitzen. Dann den Knoblauch dazugeben, 1 Min. mitdünsten. Karotten dazugeben, kräftig umrühren und mit Zucker bestreuen. Mit der Suppe ablöschen.

Kartoffeln dazugeben und ca. 25 Min. kochen lassen.

Anschließend die Suppe pürieren und die Gewürze dazugeben und abschmecken.

Brunnenkressesuppe G

Zutaten für 4 Personen:

1 Zwiebel
1 mehliger Kartoffel
2 Bund Radieschen
2 EL Butter
750 ml Gemüsesuppe
250 ml Schlagobers
Salz, Pfeffer
Muskatnuss

Zubereitung:

Gemüsezwiebel und Erdäpfel schälen und in kleine Würfel schneiden.

Brunnenkresse putzen, waschen und trocknen.
Radieschen waschen, putzen und in Stifte schneiden.
Das Grüne fein hacken.

Zwiebel und Kartoffel in Butter glasig dünsten. Suppe zugießen, aufkochen lassen und das Schlagobers dazugeben.

Anschließend die Brunnenkresse und das Radieschengrün dazugeben, bei mittlerer Hitze 5 Min. kochen. Dann alles pürieren.

Die Suppe mit Salz, Pfeffer und Muskatnuss abschmecken.

Radieschen in einen Teller geben und mit der Suppe übergießen.

| Frühling

EINGELEGTER STANGENSELLERIE ⟨G⟩

Zutaten für 2 Gläser a 500 ml:

8 Stangen Sellerie
400 ml Weißweinessig
500 ml Wasser
50 g Zucker
2 TL Salz
6 Knoblauchzehen
5 Lorbeerblätter
10 Pfefferkörner
Zitonenschale einer halben Zitrone

Zubereitung:

Die Selleriestangen putzen und auf die Höhe der Gläser zurechtschneiden, aufrecht in die sterilen Gläser stecken.

Alle Zutaten in einem Topf aufkochen, den Sud in die Gläser gießen, sodass der Sellerie bedeckt ist. Die Gläser verschließen.

Die Gläser in einen Topf mit heißem Wasser stellen.
Das Wasser soll 1 cm unter den Rand reichen.
Zugedeckt 10 Min. kochen, anschließend aus dem Wasser heben.

Dunkel und kühl gelagert ist der Sellerie 6 Monate haltbar.

TIPP: Passt gut zu Käse, Kartoffeln, Fisch und Geflügel.

Sauermilch-Kräutersuppe G

Zutaten für 4 Personen:

100 g Zwiebeln
300 g mehlige Kartoffeln
500 ml Gemüsesuppe
500 ml Sauermilch
2 EL Zitronensaft
1 EL Butter

Als Einlage:

100 mg Kräuter
(z. B. Petersilie, Bärlauch,
Dille, Thymian, Kerbel)

Zubereitung:

Zwiebel und Kartoffeln schälen, klein schneiden und in Butter anschwitzen. Mit Suppe aufgießen und zugedeckt 15 Min. köcheln lassen. Öfters umrühren.

Sauermilch in die Suppe gießen, die Suppe mit einem Stabmixer pürieren.

Mit Salz, Pfeffer und Zitronensaft würzen.

Die fein geschnittenen Kräuter dazugeben und umrühren.

In Suppentellern servieren.

| Frühling

ÜBERBACKENE PAPRIKA G

Zutaten für 4 Personen:

50 g Parmesan
1 Knoblauchzehe
6 EL frische, gehackte Petersilie
250 g Ricotta
1 EL Zitronensaft
1 Ei
8 ca. 10 cm große rote Paprika
8 dünne Scheiben Prosciutto
2 EL Olivenöl
Salz
Pfeffer

Als Vorspeise

Zubereitung:

Knoblauch schälen, fein hacken. Ricotta mit Parmesan, Knoblauch, Petersilie, Zitronensaft, Ei, Salz und Pfeffer vermischen.

Paprika der Länge nach halbieren, Kerne entfernen. Mit der Käsemischung füllen. Die Prosciuttoscheiben der Länge nach halbieren und jeweils eine Paprikahälfte damit umwickeln.

Mit Olivenöl beträufeln und etwas salzen.

Auf ein Backblech setzen und ca. 15 Min. bei 200 °C backen, bis der Prosciutto knusprig ist und die Paprika weich sind.

TIPP: Mit getoastetem Schwarzbrot servieren.

ERDBEERSALAT MIT SPARGEL, AVOCADO UND BÜFFELMOZZARELLA G

Zutaten für 4 Personen:

200 g Erdbeeren
250 g grüner Spargel
1 Avocado
2 Kugeln Büffelmozzarella
1 Tasse Kresse
Salz, Pfeffer
50 ml Olivenöl
Saft einer Zitrone
Saft einer halben Orange
1 EL Weißweinessig
1 TL Dijonsenf

Zubereitung:

Erdbeeren waschen und vierteln. Spargel waschen, im unteren Drittel schälen und das untere Ende abschneiden.
Spargel in Salzwasser 3 Min. kochen, dann kalt abschrecken. Spargel der Länge nach halbieren.

Avocado halbieren, entkernen und in Scheiben schneiden.

Olivenöl, Zitronen- und Orangensaft, Weißweinessig und Dijonsenf in ein Schraubglas geben und kräftig schütteln, mit Salz und Pfeffer abschmecken.

Den Büffelmozzarella in kleine Stücke zupfen und auf den Tellern anrichten. Darauf die Erdbeeren und den Spargel dekorativ verteilen. Kresse darüber streuen.

Das Dressing darübergeben.

| Frühling

HUMMUS
EIN EIWEISSREICHER AUFSTRICH

Zutaten:
1 Dose Kichererbsen (400 g)
2 fein gehackte Knoblauchzehen
2 EL Olivenöl
3 EL Zitronensaft
3 EL Sesampaste (Tahin)
Salz
½ TL gemahlener Kreuzkümmel

Zubereitung:

Die Kichererbsen in ein Sieb geben und kalt abspülen. Abtropfen lassen. Anschließend mit Knoblauch, Olivenöl, Zitronensaft, 2–3 EL Wasser und Tahin zu einer cremigen Paste mit dem Pürierstab pürieren.

Mit Salz und Kreuzkümmel abschmecken.

Rehröllchen mit Rohschinken G

Zutaten für 4 Personen:
480 g ausgelöste Rehkeule
8 dünne Scheiben Rohschinken
1 Bund Petersilie
Olivenöl

Zubereitung:

Backrohr bei Umluft auf 160 °C aufheizen.

Aus dem Rehfleisch 8 Scheiben schneiden. Zwischen einer Frischhaltefolie vorsichtig dünn klopfen. Pfeffern und mit Rohschinken und zerkleinerten Petersilienblättern belegen. Fest einrollen.

In einer feuerfesten und backrohrsicheren Pfanne Olivenöl erhitzen. Die Röllchen darin auf allen Seiten kurz anbraten und anschließend für 10 Min. im Backrohr braten.

TIPP: Dazu passt zum Beispiel der Ofenspargel.

| Frühling

Brennnesselspinat mit Polenta und Ei [G]

Zutaten für 4 Personen:
750 g junge Brennnesselblätter
3 Schalotten
5 Knoblauchzehen
150 g Creme fraiche
4 Eier
Olivenöl

Für die Polenta:
500 ml Wasser
500 ml Milch
20 g Butter
240 g Maisgrieß

Zubereitung:

Für die Polenta Milch, Wasser, Butter mit einer Prise Salz aufkochen, Maisgrieß einstreuen, 10 Min. köcheln, immer wieder umrühren. Topf vom Herd ziehen und zugedeckt 30 Min. ziehen lassen.

Brennnesselblätter putzen, in heißem Wasser kurz aufkochen, abseihen (Kochwasser nicht wegleeren!) und mit kaltem Wasser abschrecken. Abtropfen lassen.

Die Brennnesselblätter fein hacken.

Schalotten und Knoblauch fein hacken.

Etwas Olivenöl in einer Pfanne erhitzen, Schalotten anschwitzen, Brennnessel dazugeben und kurz anschwitzen. Mit 300 ml Kochwasser aufgießen, mit Salz, Pfeffer und Muskat würzen. Creme fraiche einrühren und 10 Min. köcheln lassen.

Eier 4 Min. weichkochen, schälen.

Spinat mit Polenta anrichten, weiches Ei auf den Spinat legen und die Polenta mit Parmesan bestreuen.

Sesamspinat mit pochiertem Ei

Zutaten für 4 Personen:
4 Eier
600 g junger Blattspinat
2 EL Sesamsamen
3 EL Rapsöl
6 EL klare Gemüsesuppe
1 EL Sesamöl
Salz, Pfeffer

Zubereitung:

Rapsöl in einer tiefen Pfanne erhitzen, Knoblauch und Sesam kurz anrösten, mit Suppe ablöschen. Spinat in die Pfanne geben, zudecken und den Spinat zusammenfallen lassen. Mit Sesamöl, Salz und Pfeffer abschmecken.

Für die pochierten Eier Wasser mit etwas Essig erhitzen.
Achtung: Das Wasser soll nicht kochen, nur simmern.
Die Eier einzeln in eine Tasse geben. So ist es leichter, das Ei ins Wasser gleiten zu lassen. Vorher das Wasser kräftig mit einem Löffel umrühren, damit in der Mitte ein Strudel entsteht. Das Ei in die Mitte des Strudels geben, so legt sich das Eiweiß besser um den Dotter. Nach 3–4 Min. herausnehmen und mit dem Spinat anrichten.

Dazu passen gekochte Kartoffeln.

Spargel vom Blech G

Zutaten für 4 Personen:

Als Beilage z. B. zu den Rehröllchen mit Rohschinken: **1 kg Spargel**

Als Hauptspeise: **2 kg Spargel**

Salz

40 g Butter

Zubereitung:

Das Backrohr bei Umluft auf 160 °C vorheizen.

Spargel schälen, die Enden abschneiden.

Spargel auf ein mit Backpapier belegtes Backblech auflegen. Ein Stück Backpapier in der Größe des Backblechs zuschneiden und mit Butter bestreichen. Mit der gebutterten Seite nach unten auf den Spargel legen und andrücken. Der Spargel muss gut abgedeckt sein.

Im Backofen auf der mittleren Schiene 30–40 Min. bissfest garen.

Ofenspargel mit Bärlauch-Vinaigrette G

Zutaten für 4 Personen:

2 Eier
1 kg grünen Spargel
120 ml Olivenöl
Salz
100 g Bärlauch

3 Frühlingszwiebeln
1 TL Honig
2 EL Kapern
2 Zitronen
1 EL Senf

Zubereitung:

Die Eier 8 Min. in kochendem Wasser hart kochen.

Spargel waschen und im unteren Drittel schälen, Enden abschneiden. Spargel auf ein mit Backpapier belegtes Backblech legen, mit Olivenöl beträufeln und salzen. Im Backrohr bei 180 °C 10–14 Min. weich garen.

Bärlauch waschen, trocknen und in feine Streifen schneiden. Die Frühlingszwiebel putzen und ebenfalls in feine Streifen schneiden. Die Eier schälen und fein hacken. Kapern grob hacken. Von den gewaschenen Zitronen die Schalen abreiben und den Saft auspressen.

Die Hälfte vom Bärlauch, Zitronenschalen und -saft, Honig, Senf, Salz und Pfeffer mit einem Schneebesen gut verrühren, Olivenöl dazugeben.

Spargel mit Vinaigrette, dem restlichen Bärlauch, den Frühlingszwiebeln, den Eiern und den Kapern auf einer großen Platte anrichten.

| Frühling

Milchlammrücken

Zutaten für 4 Personen:

600 g Milchlammrücken, geputzt
6 Stiele Thymian, fein hacken
6 Stiele glatte Petersilie, fein gehackt
6 Stiele Rosmarin, fein gehackt
4 Scheiben Toastbrot
2 Knoblauchzehen, fein gehackt
50 ml Milch
2 Eier
1 Zwiebel, fein gehackt
1 EL Tomatenmark
50 g Tomatensauce

700 ml Gemüsesuppe
4 EL Olivenöl
150 g Perlgraupen
50 ml Weißwein
4 EL Parmesan, gerieben
1 EL Butter
3 Stiele Basilikum
Salz
Pfeffer
Zitronensaft

Zubereitung:

Den Milchlammrücken mit Salz und Pfeffer würzen, in einer Pfanne auf allen Seiten in etwas Olivenöl kurz und scharf anbraten. Aus der Pfanne nehmen.

Das Toastbrot entrinden, in kleine Würfel schneiden und mit der Milch übergießen. Die gehackten Kräuter und eine Knoblauchzehe dazugeben und pürieren. Die Eier dazugeben und gut verrühren. Mit Salz und Pfeffer würzen und auf den Lammrücken verteilen, fest andrücken. Im vorgeheizten Rohr bei 180 °C Umluft 10 Min. braten. Vor dem Servieren 4 Min. auf dem Rost rasten lassen.

Die Gemüsesuppe wärmen. 4 EL Olivenöl erhitzen, Knoblauch und die fein gehackte Zwiebel glasig dünsten. Perlgraupen dazugeben,

mit Kräuterkruste und Tomaten-Graupenrisotto

2 Min. lang unter gleichmäßigem Rühren dünsten. Tomatenmark und -sauce dazugeben und mit dem Weißwein ablöschen und einkochen lassen. Ein Drittel der Suppe dazugeben und bei mittlerer Hitze unter ständigem Rühren einkochen, bis die Graupen die Flüssigkeit aufgenommen haben. Diesen Vorgang noch 2 x wiederholen, bis die Graupen weich sind. Dauert ca. 25 Min.

Parmesan und Butter unterrühren. Mit Salz, Pfeffer und Zitronensaft abschmecken. Mit fein geschnittenem Basilikum bestreuen.

Milchlammrücken in feine Scheiben schneiden und mit dem Graupenrisotto servieren.

| Frühling

Quinoa-Auflauf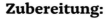

Zutaten für 4 Personen:
250 g Quinoa
400 ml Gemüsesuppe
120 g Hüttenkäse
1 Zwiebel
2 EL frisch gehackte Chili
100 g Gouda
2 Eier
3 EL gehackte Petersilie
Salz
Pfeffer
Butter zum Ausfetten der Auflaufform

Zubereitung:

Quinoa in der Suppe ca. 10 Min. weichkochen, auskühlen lassen.

Anschließend alle Zutaten miteinander vermengen und in die gebutterte Auflaufform füllen.

Im Backrohr bei 160 °C 20 Min. auf mittlerer Schiene backen.

Mit grünem Zupfsalat servieren.

Gedämpfter Zander mit buntem Gemüse G

Zutaten für 4 Personen:

600 g Zanderfilet
500 ml Riesling
(oder 250 ml Gemüsesuppe und 250 ml Fischfond)
1 halbe Zwiebel
1 Lorbeerblatt
2 Gewürznelken
1 Handvoll Petersilien- und Dillestängel
2 Zitronenscheiben
1 TL Pfefferkörner
Fleur de Sel

100 g Karotten
100 g gelbe Rüben
100 g Petersilienwurzel
100 g Radieschen
30 g Butter
250 ml Gemüsesuppe
Salz
Pfeffer
Muskatnuss

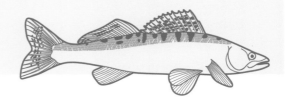

Zubereitung:

Zur Zubereitung eignet sich ein flacher Topf mit Siebeinsatz und passendem Deckel. Das geputzte Zanderfilet in 4 gleich große Stücke schneiden. Den Riesling in den Topf gießen, die Zwiebel mit Lorbeerblatt und Nelken spicken und mit den Kräutern, Pfefferkörner und Zitronenscheiben in den Topf geben. 10 Min. köcheln lassen. Die Zanderfiletstücke auf das Gitter geben, den Deckel aufsetzen und 10 Min. dämpfen.

Für das Gemüse 200 ml von dem Sud abschöpfen. Das Zanderfilet warm halten. Das Gemüse, außer die Radieschen, schälen und fein schneiden. Die Radieschen vierteln, das Gemüse in der Butter anschwitzen, mit dem Sud und der Gemüsesuppe aufgießen und bissfest garen. Abschmecken. In Suppenteller anrichten und den Zander daraufsetzen. Mit Fleur de Sel bestreuen.

| Frühling

Kichererbsen-Spinatpfanne

Zutaten für 4 Personen:

500 g Blattspinat, tiefgekühlt
1 Zwiebel
2 Knoblauchzehen
Rapsöl
480 g geschälte Tomaten (aus der Dose)
2 EL Tomatenmark
1 TL scharfe Currypaste
Muskatnuss
2 TL Thymian
½ TL Rosmarin
Salz
Pfeffer
180 g Kichererbsen (aus der Dose – abgetropft)
4 Eier

Für den Salat:

500 g Karotten
20 g Butter
1 EL Honig
1 EL Apfelessig
2 EL Buchweizen

Zubereitung:

Für den Salat die Karotten in Scheiben schneiden. Die Butter in einem Topf schmelzen, Karotten dazugeben und mit 6 EL Wasser mit Deckel weich dünsten. Honig und Apfelessig dazugeben, gut umrühren und weitere 3 Min. ohne Deckel garen. Buchweizen in einer Pfanne ohne Fett anrösten, bis er gut duftet. Herausnehmen und beiseite stellen.

Spinat auftauen und grob hacken. Zwiebel und Knoblauch schälen und fein hacken. In einer großen Pfanne Öl erhitzen, darin Knoblauch und Zwiebel glasig dünsten. Spinat dazugeben, mit Muskatnuss würzen.

MIT KAROTTENSALAT G

Die geschälten Tomaten grob hacken und mit dem Saft zum Spinat geben. Kurz aufkochen. Tomatenmark und Currypaste einrühren und mit Thymian, Rosmarin, Salz und Pfeffer abschmecken.

Die Kichererbsen dazugeben und mit erwärmen.

In einer Extrapfanne 4 Spiegeleier zubereiten.

Karottensalat auf 4 kleine Schüsseln aufteilen und mit Buchweizen bestreuen.

Das Gemüse auf Tellern anrichten, ein Spiegelei darauflegen und mit Koriander bestreuen.

| Frühling

Vegane Bolognese mit schwarzen Linsen

Zutaten:

1 kg Tomaten
50 ml Olivenöl
2 EL Kristallzucker
1 EL Salz
200 g Karotten
200 g Zwiebel
100 g schwarze Linsen
300 g Zucchini

Zubereitung:

Tomaten waschen, vierteln und mit Olivenöl, Zucker und Salz in einem Topf erhitzen. Karotten, Sellerie und Zwiebeln in kleine Würfel schneiden und zu den Tomaten geben. 20 Min. köcheln.

Linsen in Salzwasser 20 Min. weichkochen, abgießen.

Zucchini in kleine Würfel schneiden und mit den Linsen in den Topf geben, einmal kräftig aufkochen und in sterile Gläser füllen.

Kühl und dunkel gelagert hält die Gemüsebolognese ca. 6 Monate.

TIPP: Eine kalorienarme Variante zu Spaghetti sind Gemüsespaghetti aus Karotten, Sellerie und Zucchini. Gemüse mit einem Spiralschneider schneiden und in Salzwasser Karotten und Sellerie 3 Min. bzw. Zucchini 1 Min. al dente kochen.

Lammkoteletts
mit Salbei-Tomaten, Butter und Zucchini

Zutaten für 2 Personen:

6 Lammkoteletts á 50 g
300 g Zucchini
Rapsöl
Salz, Pfeffer
1 Tomate
2 EL Butter
4 Salbeiblätter
2 Knoblauchzehen

Zubereitung:

Die Tomatenhaut kreuzweise einschneiden, kurz in kochendes Wasser tauchen und sofort in kaltem Wasser abkühlen.

Haut abziehen. Tomate vierteln, entkernen und in kleine Würfel schneiden.

Zucchini putzen, waschen und in 0,5 mm breite Scheiben schneiden.

In einer Pfanne das Olivenöl erwärmen, Knoblauch und Zwiebel darin dünsten, Zucchini dazugeben und weich dünsten. Zum Schluss salzen und mit Basilikum abschmecken.

Die Lammkoteletts salzen und pfeffern, das Öl in einer Pfanne erhitzen und die Koteletts darin beidseitig 2 Min. braten, aus der Pfanne nehmen und in Alufolie gehüllt warm stellen. Die Lammkoteletts sollen innen noch rosa sein!

Die Butter, den Salbei, den Knoblauch und die Tomaten in die Pfanne geben und alles gut vermischen, salzen und kurz anschwitzen. Mit den Koteletts und Zucchini servieren.

Schneller Beerenauflauf

Zutaten für 4 Personen:

500 g Beeren (Erdbeeren, Brombeeren, Heidelbeeren oder Himbeeren)
2 Eier
3 EL Kristallzucker
40 g Marzipanrohmasse
1 Prise Salz
3 TL Mehl
2 EL Orangensaft
200 ml Schlagobers
1 Pkg. Vanillezucker
ev. Vanilleeis

Zubereitung:

Die Beeren putzen und in 4 Auflaufförmchen (ca. 10 cm Durchmesser) setzen. Eier trennen, Eiklar mit Salz steif schlagen. Kristallzucker einrieseln lassen und weiterschlagen, bis sich der Zucker aufgelöst hat.

Die Dotter mit Marzipan zu einer homogenen Masse schlagen und unter den Eischnee ziehen. Mehl dazugeben und zum Schluss den Orangensaft dazugeben. Die Masse über den Beeren verteilen und im Rohr bei 220 °C auf der mittleren Schiene ca. 10 Min. backen, bis die Schneemasse hellbraun wird.

Auflauf aus dem Rohr nehmen, mit Staubzucker servieren.

TIPP: Mit einer Kugel Vanilleeis und Schlagobers servieren.

Karottenmuffins mit Chia-Samen G

Zutaten:

200 g fein geraspelte Karotten
200 g gemahlene Haselnüsse
100 g Rohrzucker
1 Packerl Vanillezucker
2 Messerspitzen Zimt
1 Packerl Orangenschale

etwas Salz
4 Eier
120 g Dinkelmehl
1 Packerl Backpulver
20 g Chia-Samen
120 g Marillenmarmelade

Zubereitung:

Das Muffinblech mit passenden Papierförmchen füllen.

Backrohr auf 180 °C vorheizen.

Karotten mit Nüssen, Zucker, Vanillezucker, Zimt, Orangenschalen und etwas Salz in einer Schüssel verrühren. Die ganzen Eier dazugeben und gut durchrühren. Mehl mit Backpulver versieben und mit dem Chiasamen unterrühren.

Die Hälfte der Masse in die Förmchen einfüllen. Dann in jedes Förmchen 1 TL Marillenmarmelade geben, restliche Masse daraufgeben.

20 Min. backen, mit einer kleinen Marzipankarotte dekorieren oder mit Staubzucker bestreuen.

| Frühling

Topfentorte gebacken

Zutaten:
12 kleine Eier
150 g Staubzucker
1 kg Bröseltopfen
180 g Butter
100 g Rosinen
1 Pkg. Vanillezucker
½ Pkg. Backpulver
abgeriebene Schale von 1 Bio-Zitrone und 1 Bio-Orange

Zubereitung:

Eier trennen, das Eiklar mit einer Prise Salz steif schlagen.

Zucker, die zimmerwarme Butter und die Dotter schaumig rühren. Topfen untermischen. Anschließend Vanillezucker, Backpulver und die abgeriebenen Schalen dazugeben und gut vermengen. Schnee unterheben.

Die Hälfte der Masse in eine gebutterte und mit Mehl ausgestaubte Springform (26 cm Durchmesser) geben. Die Rosinen darauf verteilen und anschließend den Rest der Masse einfüllen.

Die Torte bei 180 °C 1 Std. backen.

💡 Das Geheimnis der Torte ist, neben dem sehr guten Geschmack, die sehr schnelle und einfache Zubereitung.

Roseneis mit kandierten Rosenblüten

Das Roseneis:

250 ml Milch

90 g Feinkristallzucker

1 Handvoll Rosenblätter (ungespritzt)

250 ml Obers

2 Eier

3 Eidotter

1 Prise Salz

Kandierte Rosenblätter:

1 Handvoll Rosenblätter (ungespritzt)

Eiweiß zum Bestreichen

Feinkristallzucker zum Bestreuen

Achtung: Sehr aufwendig! – aber eine sehr gute Nachspeise, z. B. an Geburtstagen oder am Muttertag.

Kandierte Rosenblätter: Die Rosenblätter durch das versprudelte Eiweiß ziehen und beidseitig in den Zucker drücken. Die Blätter behutsam auf einem Backpapier bei 70 °C Umluft im Ofen 1–2 Std. trocknen lassen.

Das Roseneis:

Die Milch mit der Hälfte des Kristallzuckers aufkochen, die Rosenblätter einrühren und 30 Min. ziehen lassen. Die Milch durch ein Sieb passieren und mit dem Obers aufkochen.

Die Eier in einer bauchigen Schüssel über einem Topf mit kochendem Wasser mit dem Mixer cremig rühren.

Die Rosen-Obers-Milch über Wasserdampf luftig-schaumig schlagen. Die Creme anschließend – am besten über Eiswürfeln – kalt schlagen, in eine Eismaschine füllen und zu einem cremigen Eis rühren. Das Eis in eine Schüssel geben und mit Butterpapier bedeckt einfrieren.

Das Roseneis in Gläser geben und mit den Blättern dekorieren.

Sommer

Ein einfacher, aber sehr „sinnlicher Salat" G 078
Eingelegte rote Zwiebel G 079
Schinkensalat 080
Vitello tonnato 081
Geeiste Apfel-Erbsen-Suppe mit Pecorino G 082
Kalte Avocado-Paprika-Suppe
mit Thymian-Brotwürfeln G 083
Rote-Rüben-Suppe G 086
Rote-Rüben-Tartar auf Rucola G 087
Meeresalgensalat (Queller) mit Avocado und Gurke G 088
Peperonata G 089
Sommerlicher Radieschen-Römersalat G 090
Gnocchi mit Salbeibutter und grünem Salat G 091
Lammkronen mit geschmortem Gemüse 094
Quinoa-Laibchen auf Tomatensalat G 095
Scharfe Hühnerleber mit Pak Choi 096
Sellerienudeln mit Champignonsauce G 097
Zanderfilet auf Karfiol-Sellerie-Gemüse G 098
Gefüllte rote Zwiebel G 099
Spaghetti alla Puttanesca G 100
Scharfe Chili-Tomaten-Paprikamarmelade 101
Italienischer Auflauf mit Eierschwammerl 104
Ringlotten-Ingwer-Limonade 105
Heidelbeer-Schicht-Dessert 106
Pavlova mit Erdbeeren 107
Dinkel-Apfel-Muffin G 108
Lavendelsirup 109

| Sommer

Ein einfacher, aber sehr „sinnlicher Salat"

Zutaten für 2 Personen:
2 frische Feigen
2 Scheiben Parmaschinken
1 Packung Mozzarella
grünes und rotes Basilikum

Für das Dressing:
6 EL Olivenöl
3 EL Zitronensaft
1 EL Honig
Meersalz
frischer Pfeffer
2 EL Balsamico

Zubereitung:

Die Feigen waschen und trocken tupfen. Kreuzweise einschneiden und von unten andrücken, so dass sie sich öffnet. Eine Feige mit einer Scheibe Parmaschinken umwickeln.

Olivenöl, Zitronensaft, Honig gut vermengen, mit Salz und Pfeffer abschmecken.

Mozzarella in feine Scheiben schneiden und auf einen Teller blattförmig auflegen. Feigen daraufsetzen und mit dem Dressing übergießen, anschließend den Balsamicoessig darüberträufeln.

Basilikum grob schneiden und darüberstreuen.

Mit frischem Ciabatta servieren.

TIPP: Ein schnell zubereiteter Salat für einen heißen Sommerabend.

Eingelegte Rote Zwiebeln

Zutaten:

2 TL schwarze Pfefferkörner
1 TL Wacholderbeeren
200 ml Rotweinessig
200 ml Wasser
80 g Honig
1 EL Salz
6 Lorbeerblätter
1 kg rote Zwiebeln

Haltbarkeit: 3–4 Monate

Zubereitung:

Pfeffer und Wacholderbeeren im Mörser zerstoßen, Essig mit Wasser, Honig, Salz, Pfeffer, Wacholder und Lorbeerblättern aufkochen.

Zwiebeln schälen, in Ringe schneiden.

In den Sud geben, aufkochen lassen.

Zwiebeln aus dem Sud nehmen und in sterilisierte Gläser füllen. Diesen neuerlich aufkochen und über die Zwiebeln geben. Sofort verschließen.

Kühl und dunkel lagern.

Sommer

Schinkensalat

Zutaten für 4 Personen:
2 kleine Stangen Lauch
400 g Kochschinken
250 ml Sauerrahm
250 ml Joghurt
3 Schalen Kresse
3 Handvoll Sprossen
Salz
Pfeffer
1 EL Zitronensaft
4 Eier

Zubereitung:

Den Lauch waschen, in sehr feine Ringe schneiden. Schinken klein würfeln, mit Lauch, Sauerrahm und Joghurt vermischen.

Kresse und Sprossen kurz abschwemmen, abtropfen lassen. Sprossen und Kresse unter den Salat mischen. Mit Salz, Pfeffer und Zitronensaft abschmecken.

Die Eier 6 Min. kochen, abschälen und halbieren.

Mit dem Salat servieren.

Vitello tonnato

Zutaten:

500 g Kalbsnuss
Salz, bunter Pfeffer
2 EL Rapsöl
2 TL Honig
1 gepresste Knoblauchzehe
125 ml Weißwein oder Suppe

200 ml Mayonnaise
1 Dose Thunfisch in eigenem Saft
10 Sardellenfilets
1 EL Kapern
1 EL Zitronensaft

Zubereitung:

Das Backrohr auf 220 °C Umluft vorheizen.

Das Fleisch salzen und pfeffern und im Öl von allen Seiten scharf anbraten.

Aus der Pfanne heben und mit Honig einstreichen. Den Bratensatz in der Pfanne mit Weißwein oder Suppe ablöschen. Das Fleisch auf ein Ofengitter setzen und die Pfanne mit dem Weißwein darunterschieben. 10 Min. braten, dann die Temperatur auf 150 °C senken und ca. 30 Min. weiterbraten. Kalbsbraten auskühlen lassen und in dünne Scheiben schneiden.

Thunfisch mit Sardellenfilets und Kapern pürieren. Mit der Mayonnaise verrühren, mit Zitronensaft, Salz und Pfeffer abschmecken. Wenn die Sauce zu dick ist, einfach mit etwas Bratensaft verdünnen.

| Sommer

GEEISTE APFEL-ERBSEN-SUPPE MIT JOGHURT G

Zutaten für 4 Personen:
1 Jungzwiebel
150 g Apfel
2 EL Butter
150 g Erbsen
Salz
Pfeffer
Muskatnuss
500 ml Gemüsesuppe
100 g Joghurt (1 %)
Saft von 1 Zitrone

Als Einlage:
2 EL gekochte Erbsen

Zubereitung:

Jungzwiebel in feine Röllchen schneiden, Apfel in feine Stücke schneiden, den Jungzwiebel in der zerlassenen Butter anschwitzen, Apfel und Erbsen zugeben.

Würzen und mit der Suppe aufgießen, 1 x aufkochen lassen.

Mit dem Stabmixer pürieren, auskühlen lassen, Joghurt und Zitrone dazugeben und neuerlich pürieren.

2 Std. kaltstellen.

Kalte Suppe in Tassen anrichten, einige Erbsen als Einlage hineingeben und mit Minze und schwarzem Pfeffer garnieren.

Kalte Avocado-Paprika-Suppe
mit Thymian-Brotwürfeln

Zutaten:
2 grüne Paprika
2 Gurken
1 reife Avocado
1 Knoblauchzehe
Saft einer Limette
100 ml Gemüsesuppe
etwas Minze
einen Hauch Cayennepfeffer
Salz, Pfeffer

Für die Brotwürfel:
2 Scheiben Toastbrot
1 Knoblauchzehe
3 EL Butter
½ Bund Thymian

Zubereitung:

Die Paprika putzen und in grobe Stücke schneiden. Gurken schälen und die Kerne entfernen, ebenfalls in grobe Stücke schneiden. Avocado entkernen und das Fruchtfleisch zusammen mit den Paprikas und den Gurken im Mixer pürieren. Gemüsesuppe dazugeben.

Mit Limettensaft, Salz, Cayennepfeffer und Pfeffer abschmecken.

Das Toastbrot entrinden, in ca. 2 cm große Würfel schneiden. Butter in einer nicht zu kleinen Pfanne aufschäumen lassen, die zerdrückte Knoblauchzehe und die Brotwürfel dazugeben. Die Thymianblättchen ebenfalls dazugeben. Die Brotwürfel knusprig braten. Auf Küchenkrepp abtropfen lassen.

Die Suppe in Suppenteller füllen und die lauwarmen Brotwürfel darauf verteilen, mit der Minze garnieren.

Sommer

Rote-Rüben-Suppe

Zutaten für 4 Personen:
4 große gekochte rote Rüben
1 rote Zwiebel
2 Knoblauchzehen
1 EL frischer fein gehackter Ingwer
2 EL Butter
2 EL Apfelessig
Salz
½ l Kokosmilch
½ l Gemüsesuppe

Zubereitung:

Rote Rüben schälen und in kleine Würfel schneiden.

Zwiebel würfeln.

Zwiebel, Knoblauch, Ingwer und rote Rüben in der zerlassenen Butter dünsten.

Mit Essig ablöschen, Suppe aufgießen und 15 Min. köcheln lassen.

Suppe pürieren.

Kokosmilch dazugeben und weiter 3 Min. köcheln lassen.

Mit Salz abschmecken und guten Appetit.

Rote-Rüben-Tartar auf Rucola G

Zutaten für 4 Personen:

300 g gekochte rote Rüben
½ TL Majoran
2 TL Essig
1 kleine Zwiebel
1 kleine Knoblauchzehe
2 TL Olivenöl
Salz, Pfeffer
1 Handvoll Rucola

Zubereitung:

Die roten Rüben schneiden und in sehr kleine Würfel hacken. Abtropfen lassen und mit Salz, Pfeffer, Majoran und etwas Essig vermengen.

Die Zwiebel sehr fein hacken und mit dem zerdrückten Knoblauch unter die roten Rüben mischen. Mit Olivenöl abschmecken.

Den Rucola mit Olivenöl, Salz, Pfeffer und Essig marinieren.

Das Rote-Rüben-Tartar auf dem Rucola anrichten.

Mit getoastetem Weißbrot servieren.

TIPP: Tragen Sie Handschuhe, so vermeiden Sie eine Verfärbung der Haut.

| Sommer

Meeresalgensalat (Queller)
mit Avocado und Gurke G

Zutaten:

150 g Queller – beim Fischhändler bestellen
1 kleiner Kopf Radicchio
75 g Vogerlsalat
2 Avocados
1 Bio-Gurke
1 rote Zwiebel
2 EL rote Ribiselmarmelade
Salz, Pfeffer
6 EL Traubensaft
3 EL Himbeersaft
6 EL Olivenöl

Zubereitung:

Queller hat einen sehr hohen Salzgehalt, deshalb sehr gut abspülen. Radicchio waschen und in kleine Stücke zerzupfen, Vogerlsalat waschen. Avocados halbieren, entsteinen und in Würfel schneiden. Gurken waschen und in Scheiben schneiden. Zwiebel in Ringe schneiden.

Für das Dressing Marmelade, Pfeffer und den Traubensaft verrühren. Essig und Olivenöl darunterrühren und gut verquirrlen.

Alle Zutaten auf Tellern anrichten und Dressing darüber verteilen.

 Das ist eine ganz besondere Vorspeise.

Peperonata

Zutaten:

2 grüne Paprika
2 rote Paprika
2 gelbe Paprika
1 roter Chili
8 Knoblauchzehen
1 Zwiebel
1 kg Tomaten
150 ml Olivenöl
Salz
Pfeffer

Zubereitung:

Paprika entstielen, entkernen und achteln. Tomaten kurz ins kochende Wasser geben, schälen, entkernen und klein würfeln.

Chilischote entkernen und in kleine Würfel schneiden. Zwiebel und Knoblauch schälen, fein hacken.

Öl in einer tiefen Pfanne erhitzen, Zwiebel und Knoblauch anschwitzen, anschließend Paprika und Chili dazugeben und 5 Min. dünsten. Dann die Tomaten dazugeben, mit Salz und Pfeffer würzen und zu einem sämigen Ragout einkochen.

Dauert ca. 20 Min.

TIPP: Als Vorspeise oder als Beilage zu kurzgebratenem Fleisch.

| Sommer

Sommerlicher Radieschen-Römersalat

Zutaten für 4 Personen:

2 Mini-Römersalate
2 Bund Radieschen
1 rote Zwiebel
3 EL Zitronensaft
100 ml 3,5 % Yoghurt
Salz
Pfeffer

Zubereitung:

Den geputzten Römersalat in feine Streifen schneiden.

Zwiebel schälen, in kleine Würfel schneiden.

Radieschen putzen, in feine Scheiben schneiden.

Zitronensaft, Yoghurt, Salz, Pfeffer vermischen und mit den Salatzutaten gut vermischen.

Gnocchi mit Salbeibutter und grünem Salat G

Zutaten:
1 kg mehlige Kartoffel
1 Dotter
100 g glattes Mehl
100 g Kartoffelstärke
ein Hauch von Chili
Salbeibutter
Butter und eine Handvoll frische Salbeiblätter

Zubereitung:

Kartoffel schälen und in große Stücke schneiden, 20 Min. in Wasser weich kochen, abseihen und auskühlen lassen, durch eine Kartoffelpresse drücken.

In die Kartoffelmasse eine Mulde drücken, Dotter dazugeben, mit Stärke, Mehl, Salz und Chili rasch durchkneten. Den glatten Teig 15 Min. rasten lassen.

Anschließend in kleine Stücke teilen, zu fingerdicken Rollen formen und in kleine Stücke schneiden.

Diese zu Kugeln formen und mit der Gabel andrücken.

Die fertigen Gnocchi in kochendem Wasser sieden, bis sie an die Oberfläche steigen. Abseihen.

Für die Salbeibutter Butter schmelzen und die geschnittenen Salbeiblätter in der Butter schwenken, bis sie knusprig sind.

Mit grünem Salat servieren.

| Sommer

LAMMKRONEN MIT GESCHMORTEM GEMÜSE

Zutaten für 4 Personen:

4 Lammkronen
3 Knoblauchzehen
je 2 Zweige Rosmarin, Thymian, Estragon
1 Zucchini
1 gelber Paprika
1 roter Paprika
2 Selleriestangen
2 Karotten

1 Fenchelknolle
125 ml Kalbsfond
Dijonsenf
Meersalz
Frischer Pfeffer
Olivenöl zum Anbraten
4 EL Butter

8 Cherrytomaten zum Garnieren

Zubereitung:

Lammkrone mit Dijonsenf bestreichen, mit Salz und Pfeffer würzen. Lammkrone in Olivenöl scharf anbraten und bei 180 °C ca. 10 Min. „medium" braten, anschließend in Alufolie wickeln und rasten lassen.

Zucchini, Paprika, Sellerie und Fenchel putzen und in kleine Stücke schneiden, Gemüse einzeln anbraten. Anschließend alle Gemüsesorten in die Pfanne geben, mit dem Kalbsfond aufgießen, je einen Gewürzzweig dazugeben und 10 Min. köcheln lassen. Abschmecken.

1 EL Butter, die restlichen Zweige und den Knoblauch in einer Pfanne kurz rösten, Lammkrone darin kurz anbraten.

Die restliche Butter unter das Gemüse geben.

Lammkronen in appetitliche Stücke schneiden und mit dem Gemüse anrichten. Je 2 Cherrytomaten als Dekoration an den Rand setzen.

Quinoa-Laibchen auf Tomatensalat

Zutaten für 4 Personen:

250 g Quinoa
100 g Spinat
1 kleine, fein gewürfelte Zwiebel
2 Eier
120 g Cottage Cheese
50 g Emmentaler, grob gerieben
60 g Semmelbrösel
2 TL Kreuzkümmel, ganz
2 fein geschnittene Chilischoten
Salz
Pfeffer
Rapsöl zum Anbraten

Tomatensalat:

600 g reife Tomaten
1 EL Apfelessig
2 EL Olivenöl
1 Prise Kristallzucker
Salz
Pfeffer

Zubereitung:

Quinoa in reichlich Wasser ca. 10 Min. kochen. Abgießen und mit kaltem Wasser abschrecken. Abtropfen lassen.

Den trockenen Quinoa mit allen Zutaten vermischen und abschmecken. Aus der Masse 8 Laibchen formen.

Die Laibchen in Rapsöl kurz von beiden Seiten anbraten, dann für 15 Min. im Backrohr bei 160 °C backen.

Tomaten in dünne Scheiben schneiden und mit dem Dressing übergießen.

Sommer

Scharfe Hühnerleber mit Pak Choi

Zutaten für 4 Personen:

350 g Hühnerleber
2 EL Rapsöl
1 rote Chili
1 TL frischer Ingwer
2 Knoblauchzehen
2 EL Tomatenketchup

3 EL Sherry
3 EL Sojasauce
1 TL Speisestärke
450 g Pak Choi
400 g Eiernudeln

Zubereitung:

Die Eiernudeln nach der Packungsanleitung zubereiten.

Die geputzte und kleingeschnittene Hühnerleber in einer Wokpfanne in Rapsöl anrösten, Chili, Ingwer und Knoblauch fein schneiden und dazugeben.

Tomatenketchup, Sherry, Sojasauce und Speisestärke verrühren.

Pak Choi waschen, klein schneiden und in die Pfanne geben, 3 Min. braten lassen.

Anschließend mit den Eiernudeln und der Sauce vermischen.

Sellerienudeln mit Champignonsauce

Zutaten für 4 Personen:

6 Stangen Sellerie
1 Zwiebel
1 Knoblauchzehe
300 g Champignons
2 EL Olivenöl
Saft von 1 Zitrone
250 ml Schlagobers
Salz, Pfeffer
250 g Spaghetti
50 g frisch geriebenen Parmesan
Selleriegrün, klein geschnitten

Zubereitung:

Stangensellerie mit einem Sparschäler in dünne Streifen schneiden. Zwiebel und Knoblauch fein hacken. Champignons in dünne Scheiben schneiden.

Gemüse und Champignons im Olivenöl kräftig anschwitzen. Mit Zitronensaft würzen, Schlagobers dazugeben. Falls die Sauce zu dick ist, mit etwas Gemüsesuppe verdünnen. Sämig einkochen lassen. Mit Salz und Pfeffer abschmecken.

Die Nudeln in reichlich Salzwasser laut Packungsanleitung kochen, abseihen und mit der Sauce vermengen.

Mit Parmesan und dem Selleriegrün bestreuen.

| Sommer

ZANDERFILET AUF KARFIOL-SELLERIE-GEMÜSE

Zutaten für 4 Personen:
4 Zanderfilets
Olivenöl
400 g Karfiol
300 g Stangensellerie
800 ml Gemüsesuppe
250 g Creme fraiche
100 g Babyspinat
Butter

Zubereitung:

Karfiol putzen und in kleine Stücke teilen. Stangensellerie in ca. 2 cm große Stücke schneiden, das Grün hacken und beiseite stellen.

Gemüse in der Suppe weich garen, herausheben und warm stellen.

Suppe auf 250 ml einkochen, Creme fraiche und Selleriegrün einrühren, 1 x aufkochen lassen, mit dem Stabmixer pürieren.

Filets auf der Hautseite einschneiden, salzen, pfeffern und im Olivenöl beidseits, zuerst auf der Hautseite anbraten.

Gemüse in wenig Butter schwenken, Spinat untermischen.

Gemüse mit Sauce am Teller anrichten, die Filets darauflegen

Gefüllte rote Zwiebeln

Zutaten für 4 Personen:
8 rote Zwiebeln
400 g mehlige Kartoffeln
250 g Eierschwammerl
40 g Butter
½ EL gehackte Petersilie
½ EL gehackten Thymian
Salz
Pfeffer

Zubereitung:

Zwiebeln schälen und ca. 10 Min. in Salzwasser weich kochen. Herausnehmen, mit kaltem Wasser abschrecken und abtropfen lassen. Kappen abschneiden, das Innere entfernen, bis nur mehr eine 1 cm dicke Wand überbleibt.

Das Innere fein schneiden.

Kartoffeln schälen, in kleine Stücke schneiden und in Salzwasser weichkochen. Abseihen und abtropfen lassen. Die Eierschwammerl putzen und klein schneiden. Den geschnittenen Zwiebel mit den Schwammerln in der Hälfte der Butter anschwitzen, Petersilie und Thymian untermischen, mit Salz und Pfeffer würzen.

Kartoffeln stampfen und mit der Zwiebel-Schwammerl-Masse vermengen, nochmals abschmecken.

Die Zwiebeln mit der Masse füllen, Kappen aufsetzen. Auf ein mit Backpapier belegtes Backblech aufsetzen. Bei 160 °C im vorgeheizten Backrohr auf mittlerer Schiene ca. 40 Min. backen.

| Sommer

Spaghetti alla Puttanesca

Zutaten für 4 Personen:

500 g Spaghetti
100 g schwarze entkernte Oliven
100 g Sardellenfilets
4 Knoblauchzehen
50 g Kapern
1 Chilischote, klein
3 EL Olivenöl
750 g Tomaten
2 EL Paradeismark

Zubereitung:

Oliven, Sardellenfilets, Knoblauchzehen, Kapern und die Chilischote fein schneiden, in einer Pfanne im Olivenöl anbraten.

Tomaten waschen, entkernen und würfeln und in die Pfanne geben, Tomatenmark hinzufügen. Ca. 30 Min. sanft köcheln lassen.

Spaghetti nach Anleitung kochen und in einer großen Schüssel gemeinsam mit der Sauce servieren.

Scharfe Chili-Tomaten-Paprikamarmelade

Zutaten:

500 g rote Paprika

400 g frische Tomaten
(als Ersatz eignen sich auch gewürfelte Tomaten aus der Dose)

6 Knoblauchzehen

1 große Zwiebel

150 ml Rotwein

100 ml Sherry oder Apfelessig

100 g Zucker

Saft einer Zitrone

1 TL Salz

8 frische rote scharfe Chili, fein gehackt

Zubereitung:

Paprika, Tomaten, Zwiebel, Knoblauch klein würfeln und mit den restlichen Zutaten zum Kochen bringen. Hitze reduzieren und 45 Min. leicht köcheln lassen, bis die Marmelade leicht eindickt.

Mit einem Pürierstab grob pürieren.

Marmelade heiß in ausgekochte Gläser füllen, verschließen.

Die Marmelade hält sich gekühlt ca. 6 Monate.

Schmeckt gut zu gegrilltem Fleisch, aber auch zum Käse.

TIPP: Als Ketchup-Ersatz nutzen!

| Sommer

Italienischer Auflauf mit Eierschwammerln

Zutaten für 4 Personen:

500 g Kartoffeln
400 g Eierschwammerln
50 g Petersilie gehackt
50 g Semmelbrösel
50 g geriebenen Parmesan
Salz
Pfeffer
Olivenöl

Zubereitung:

Die Kartoffeln schälen und in 3 mm dicke Scheiben schneiden. Schwammerl putzen, größere teilen.

Petersilie mit Semmelbröseln und Parmesan vermengen, salzen und pfeffern.

Eine Auflaufform mit Olivenöl ausstreichen. Mit einer Schicht Kartoffeln auslegen, mit der Kräutermischung bestreuen, anschließend mit den Schwammerln belegen. Etwas salzen und die Kräutermischung darauf geben. Wieder eine Schicht Kartoffeln, dann Kräuter und Pilze, zum Schluss mit Kartoffeln abschließen.

Etwas Parmesan darübergeben und im Rohr ca. 1 Stunde bei 180 °C Ober- und Unterhitze backen.

Besonders gut passt grüner Salat dazu.

Ringlotten-Ingwer-Limonade

Zutaten:
1 Zitrone
50 g frischen Ingwer
700 ml Wasser
60 g Zucker
2 Ringlotten
500 ml Ginger Ale

Zubereitung:

Zitrone auspressen, Ingwer schälen und in feine Scheiben schneiden.

Wasser zusammen mit Zitronensaft, Ingwer und Zucker aufkochen, abkühlen lassen und anschließend für 24 Stunden kühlen.

Zitronenscheiben und Ingwer entfernen.

Gewaschene Ringlotten halbieren, entsteinen und in feine Scheiben schneiden. In ein Glas geben und mit der Limonade aufgießen, anschließend mit Ginger Ale aufspritzen.

Pro Glas 2–3 Eiswürfel dazufügen.

| Sommer

Heidelbeer-Schicht-Dessert

Zutaten für 4 Personen:
500 g Heidelbeeren
70 g Kristallzucker
35 ml Orangensaft

Für die Creme:
1 Vanilleschote
3 mittlere Bananen
100 ml Milch
25 g Kristallzucker
140 ml Schlagobers

Zubereitung:

Für die Sauce 400 g von den Heidelbeeren mit Zucker und Orangensaft aufkochen, Hitze reduzieren und 10 Min. einkochen lassen. Die übrigen Beeren einrühren und auskühlen lassen.

Die Milch in einen Topf geben. Die Vanilleschote halbieren und das Mark mit einem Messerrücken auskratzen und in die Milch geben. Die Bananen schälen und in kleine Stücke schneiden, mit dem Zucker zur Milch geben und aufkochen lassen. Vom Feuer ziehen, zudecken und ziehen lassen, bis die Bananenstücke zerfallen. Auskühlen lassen.

Schlagobers schlagen und unter die Masse heben.

Bananencreme und Heidelbeersauce abwechselnd in Gläser füllen.

Pavlova mit Erdbeeren

Zutaten:

4 Eiklar
200 g Kristallzucker
150 g Sauerrahm
50 g Creme fraiche
50 g Staubzucker
1 Zitrone
200 g Erdbeeren

Zubereitung:

Die 4 Eiklar leicht schaumig schlagen, Kristallzucker dazufügen und zu sehr festem Schnee schlagen. Masse auf ein mit Backpapier belegtes Backblech in Form eines Kreises, ca. 25 cm Durchmesser, aufstreichen.

Ca. 1 Stunde bei 120 °C backen.

Sauerrahm, Creme fraiche, Staubzucker und den Abrieb der Zitrone gut vermischen.

Die Creme auf die gut ausgekühlte Pavlova auftragen, die Erdbeeren dekorativ verteilen.

TIPP: Sofort servieren, da sonst das Eiklar matschig wird.

Dinkel-Apfel-Muffins

Zutaten:

250 g Dinkelvollkornmehl
140 g Vollrohrzucker
1 Ei
120 g zimmerwarme Butter
200 g Buttermilch
¼ TL Zimt
1 Packerl Vanillezucker
2 TL Backpulver
250 g geriebene Äpfel

Zubereitung:

Dinkelvollkornmehl, Vollrohrzucker, das Ei, die Butter, Buttermilch, Zimt, Vanillezucker und das Backpulver gut vermischen.

Die geriebenen Äpfel unterheben.

Die Masse in Muffinförmchen ca. 2/3 hoch füllen und im Backrohr bei 180 °C 20–25 Min. backen.

LAVENDELSIRUP – Die besondere Erfrischung für den Sommer

Zutaten:

750 g Kristallzucker
500 ml Wasser
½ TL Zitronensäure
50 g Lavendelblüten

Zubereitung:

Zucker, Wasser und Zitronensäure vermischen und aufkochen, bis sich der Zucker aufgelöst hat.

Die trockenen gezupften Blüten in ein Glas geben und mit dem heißen Zucker-Zitronenwasser übergießen.

Sirup 2 Wochen an einem dunklen Raum ziehen lassen, durch ein feines Sieb seihen und in Flaschen füllen.

Ein Sommergetränk!

125 ml Prosecco
125 ml Soda
1 cl Lavendelsirup
1 Spritzer Zitronensaft

Eiswürfel in ein Glas füllen, den Zitronensaft und den Lavendelsirup dazugeben. Mit Prosecco und Soda aufgießen. Einmal durchrühren.

Herbst

Kartoffelsuppe mit Sellerie-Gremolata G 112
Grüne Frittata G 113
Hirse-Lauch-Laibchen G 114
Kräuter-Zupfbrot G 115
Crostini mit Bohnencreme G 116
Broccolipuffer mit Kapern G 117
Grüner Nudelteig G 118
Rote-Linsen-Suppe G 119
Kürbissalat G 122
Honig gratinierter Ziegenkäse auf Spinatsalat
mit Preiselbeermarmelade G 123
Gebratene Hühnerbrust mit Topinamburpüree G 124
Maisburger mit Spinat G 125
Gemüseauflauf G 126
Grünkohlgemüse mit Bachforelle
und Petersilienkartoffeln G 127
Kartoffel-Gemüse-Auflauf G 130
Welsfilet in der Papillote 131
Gebratener Reis mit Gemüse und Spiegelei G 132
Roastbeef 133
Petersilien-Couscous G 134
Gobetti mit Leber und Salbei 135
Kabeljaufilet mit Butterkürbisspaghetti G 136
Kartoffel-Kohl-Curry G 137
Gebratenes Rehfilet mit Kohlsprossenblättern G 140
Topfen-Rosinen-Weckerl G 141
Buttermilch-Parfait mit Trauben 142
Heidelbeer-Tarte 143
Rote-Rüben-Kuchen mit Birnen 144
Mohntorte G 145

| Herbst

KARTOFFELSUPPE MIT SELLERIE-GREMOLATA ⓖ

Zutaten für 4 Personen:
1 große Zwiebel
2 Bund Suppengemüse
3 EL Olivenöl
100 g Schwammerl
(Champignons, Eierschwammerl, Steinpilze)
600 g speckige Kartoffeln
400 g Süßkartoffeln
Salz
1 EL Pfefferkörner

Zutaten für die Gremolata:
250 g Staudensellerie
1 Bio-Zitrone
3 Knoblauchzehen

Zubereitung:

Die geschälte Zwiebel halbieren, das gewaschene Suppengrün in Stücke schneiden. Die Zwiebelhälften nach unten in einem Topf ohne Öl dunkel anrösten. Das Öl dazugeben und kurz erhitzen. Suppengrün und Schwammerln unter Rühren anschwitzen.

Mit 2 Liter Wasser, Salz und Pfefferkörnern übergießen und 45 Min. köcheln lassen. Die Suppe durch ein Sieb abseihen, in einen Topf geben und bei starker Hitze ohne Deckel auf 1 Liter reduzieren. Abschmecken.

Kartoffeln und Süßkartoffeln schälen und in 1 cm große Stücke schneiden. In der Suppe 10 Min. garen.

Für die Gremolata den Staudensellerie und Selleriegrün sehr fein hacken. Die gewaschene Zitrone abtrocknen, abschälen und die Schale sehr fein hacken. Knoblauch hacken, alle Zutaten gut vermischen. Zur Suppe reichen.

Grüne Frittata G

Zutaten für 4 Personen:

300 g Zucchini geraspelt
2 Handvoll geschnittenen Blattspinat
30 g Parmesan
120 g griechischen Ziegenkäse
1 fein gehackte Knoblauchzehe
etwas grob gehacktes Basilikum
Schale einer Zitrone
Pfeffer
5 Eier
Olivenöl

Zubereitung:

Zucchini raspeln, salzen und 20 Min. abtropfen lassen. Dann zusammen mit dem Spinat, dem Knoblauch, dem klein geschnittenen Ziegenkäse, dem fein geriebenen Parmesan, Basilikum, Zitronenschale, Salz und Pfeffer in einer großen Schüssel gut vermengen. Eier aufschlagen und unterrühren.

Das Olivenöl in einer Pfanne erhitzen. Für eine Portion 2 EL der Teigmasse in die Pfanne geben, flach drücken. Ca. 3 Min. braten, dann wenden.

TIPP: Dazu passt frischer grüner Salat mit Senfdressing.

| Herbst

HIRSE-LAUCH-LAIBCHEN

Zutaten für 4 Personen:

2 Liter Gemüsesuppe
200 g Hirse
200 g Sprossen (z. B. Mungobohnen oder Radieschen)
2 Lauchstangen
2 Knoblauchzehen
6 EL Rapsöl
1 Bund Petersilie
2 Eier
5 EL Weizenmehl
1 TL Oregano
Salz, Pfeffer

Zubereitung:

Die Hirse in die kochende Suppe einrühren. 5 Min. kochen lassen, anschließend 15–20 Min. quellen und auskühlen lassen.

Den Lauch der Länge nach halbieren und in 0,5 cm große Ringe schneiden. Knoblauch fein hacken und mit dem Lauch in einer Pfanne anbraten. Die Sprossen kurz dazugeben und die Pfanne vom Herd nehmen.

Petersilie fein hacken.

Hirse, Lauch-Sprossen-Mischung, Petersilie, Oregano, Ei und Mehl vermischen. 10 Min. rasten lassen, anschließend 8 Laibchen formen.

In der Pfanne mit wenig Rapsöl herausbacken.

Dazu passt ein grüner Salatteller.

KRÄUTER-ZUPFBROT G

Zutaten:

500 g Dinkelmehl
20 g frischer Germ
Salz
2 TL Zucker
200 ml lauwarme Milch
3 Eidotter

200 g weiche Butter
2 Knoblauchzehen
10 EL gehackte Petersilie
2 EL gehackte Oreganoblätter
2 EL gehackte Salbeiblätter
5 EL gehackte Thymianblätter

Zubereitung:

Mehl in einer Schüssel mit ½ TL Salz vermischen. In die Mitte eine Mulde drücken. Germ in eine Tasse bröckeln, mit Zucker und 5 EL Milch verrühren, dann in die Mulde gießen. Den Vorteig mit einem Tuch bedeckt 10 Min. gehen lassen, bis sich Blasen bilden. Restliche Milch, Eidotter und 100 g Butter dazugeben. Teig gut verkneten (zur Fingerschonung: am besten mit einem Knethacken des Handmixers), bis ein glatter elastischer Teig entsteht. Zu einer Kugel formen, in eine Schüssel geben und zugedeckt an einem warmen, zugfreien Ort eine Stunde gehen lassen.

Knoblauch schälen und fein hacken, Teig auf bemehlter Arbeitsfläche nochmals gut durchkneten und 1 cm dick ausrollen. Teig mit Kräutern und Knoblauch bestreuen, salzen. Teig in ca. 7 x 7 cm große Quadrate schneiden.

Eine Kastenform mit 30 cm Länge ausbuttern und mit Mehl ausstauben, senkrecht aufstellen und die Teigquadrate in die Form schlichten. Dann das Brot 30 Min. abgedeckt gehen lassen.

Kräuterbrot auf der 2. Schiene von unten 50 Min. bei 180 °C backen. Wenn das Brot zu dunkel wird, mit Alufolie abdecken. Herausnehmen und 10 Min. in der Form abkühlen lassen.

| Herbst

Crostini mit Bohnencreme G

Zutaten für 25 Stück:

2 Dosen Cannellinibohnen á 250 g
3 Knoblauchzehen
1 Biozitrone
2 EL Thymianblättchen
2 EL Olivenöl
Meersalz
Cayennepfeffer
1 Baguette
100 g getrocknete Tomaten
Pfeffer aus der Mühle

Zubereitung:

Das Backrohr auf 200 °C aufheizen.

Die Bohnen in ein Sieb geben, mit kaltem Wasser abtropfen lassen und in einen hohen Rührbecher geben, Knoblauchzehen grob schneiden und dazugeben. Zitronenschale abreiben und Zitrone auspressen. Schale und 3 EL Zitronensaft dazugeben. Alles fein pürieren, mit Meersalz und Cayennepfeffer abschmecken.

Das Baguette in 25 dünne Scheiben schneiden und auf ein mit Backpapier ausgelegtes Blech legen, im heißen Backrohr ca. 3 Min. goldbraun toasten. Herausnehmen.

Die getrockneten Tomaten in kleine Stücke schneiden. Baguettescheiben mit der Bohnencreme bestreichen und mit den Tomaten und einigen Thymianblättchen dekorieren. Mit Pfeffer würzen.

Broccolipuffer mit Kapern

Zutaten für 4 Personen:

400 g Broccoliröschen
2 Jungzwiebel
50 g Kapern
400 g festkochende Kartoffeln
2 Eier
3–4 EL glattes Mehl
Salz, Pfeffer, Muskat
Rapsöl

Zubereitung:

Die Broccoliröschen 1–2 Min. in kochendem Salzwasser blanchieren, abschrecken und gut abtropfen lassen. Klein hacken.

Den Jungzwiebel in Ringe schneiden.

Kapern abtropfen lassen und hacken.

Die Kartoffeln schälen und fein reiben.

In einer Schüssel Kartoffeln, Broccoli, Kapern, Jungzwiebel, die Eier und das Mehl vermengen. Mit Salz, Pfeffer und 1 Prise Muskat würzen.

Kleine Häufchen der Masse in eine Pfanne mit 3–4 EL Rapsöl setzen, leicht flach drücken. Auf jeder Seite 2–3 Min. goldbraun braten.

TIPP: Dazu passt grüner Salat.

| Herbst

Grüner Nudelteig G

Zutaten:

2 Dotter
1 EL Grieß
Salz, Pfeffer, Muskat
2–3 EL passierten Spinat
1 TL Maiskeimöl

Zubereitung:

In eine Teigmaschine Dotter, Grieß, Spinat und die Gewürze geben und 30 Sek. durchkneten, dann das gesamte Mehl dazugeben.

Mit 1–2 TL Wasser und dem Maiskeimöl zu einem festen Teig verarbeiten.

Teig aus der Maschine nehmen und nochmals mit dem Handballen durchkneten.

30 Min. rasten lassen.

Rote-Linsen-Suppe G

Zutaten für 4 Personen:

1 Zwiebel, fein gehackt
3 Knoblauchzehen, fein gehackt
2 EL Kokosöl
1 TL Currypaste
250 g rote Linsen
800 ml Gemüsesuppe
400 g geschnittene Tomaten aus der Dose
250 g Kokosmilch
Salz, Pfeffer
1 TL Ras el-Hanout

Zubereitung:

Zwiebel und Knoblauch in dem Kokosöl in einem hohen Topf glasig anrösten.

Mit Gemüsesuppe und Tomaten ablöschen. Currypaste und Linsen dazugeben und 20 Min. bei milder Hitze köcheln lassen.

Kokosmilch dazugeben. Mit Salz, Pfeffer und Ras el-Hanout abschmecken.

| Herbst

KÜRBISSALAT G

Zutaten für 4 Personen:
400 g Hokkaidokürbis
2 EL Butter
1 EL Kürbiskerne
2 EL Balsamicoessig
1 EL Weißwein
4 EL Kürbiskernöl
2 EL fein geschnittenen Schnittlauch
Salz, Pfeffer

Zubereitung:

Den Kürbis schälen und in dünne, mundgerechte Scheiben schneiden, salzen.

Die Butter in einer Pfanne schmelzen und den Kürbis darin anschwitzen. Ziehen lassen.

In einer Schüssel das Kürbiskernöl, den Balsamicoessig, den Weißwein, Salz und Pfeffer gut verrühren und über den noch lauwarmen Kürbis gießen. Mit Kürbiskernen garnieren.

TIPP: Zur Fingerschonung: Bereits geschnittenen Kürbis kaufen!

Dieser Salat schmeckt auch sehr gut zu lauwarmem Kalbfleisch, z. B. jenem vom Vitello Tonnato.

Honig-Gratinierter Ziegenkäse
auf Spinatsalat mit Preiselbeermarmelade

Zutaten für 4 Personen:
300 g Ziegenkäse in der Rolle
2 EL Blütenhonig
150 g Babyspinat
1 Bund Radieschen
50 g grob gehackte Walnüsse

Für das Dressing:
1 TL Dijon Senf
2 TL Olivenöl
1 TL Weißwein oder Wasser
Saft einer ½ Zitrone
2 TL Blütenhonig

Zubereitung:

Spinat und Radieschen putzen, Radieschen in sehr dünne Scheiben schneiden und zum Spinat in die Schüssel geben. Alle Zutaten für das Dressing gut verrühren, mit Salz und Pfeffer würzen.

Käse in 8 Scheiben schneiden. In eine Auflaufform legen und mit dem Honig bestreichen. Im Rohr bei Grillfunktion kurz gratinieren.

In der Zwischenzeit den Salat marinieren und mit den Nüssen auf den Tellern anrichten. Je 2 Stück Ziegenkäse darauflegen.

TIPP: Wer möchte, kann Preiselbeermarmelade dazureichen.

| Herbst

Gebratene Hühnerbrust mit Topinamburpüree G

Zutaten für 4 Personen:

4 Hühnerbrüste
Öl zum Anbraten, z. B. Rapsöl
250 g Topinambur
60 g Butter
300 ml Milch
Salz
Pfeffer

Zubereitung:

Topinambur schalen, in kleine Stücke schneiden und in der Butter anschwitzen, anschließend mit der Milch aufgießen und weich kochen.

Mit einem Pürierstab pürieren und mit Salz würzen.

Die Hühnerbrüste mit Salz und Pfeffer würzen, im Öl beidseitig anbraten. Anschließend bei 160 °C im Rohr 5 Min. braten.

Die Hühnerbrüste in Streifen schneiden und auf dem Püree anrichten.

Maisburger mit Spinat G

Zutaten für 4 Personen:

300 g Mais aus der Dose
140 ml Milch
4 Eier
240 g Mehl
2 EL gehackte Petersilie
4 Knoblauchzehen
800 g Blattspinat

2 EL Butter
Muskatnuss
Salz, Pfeffer
Rapsöl

wenn gewünscht – 1 frische, in sehr kleine Würfel geschnittene rote Chilischote

Zubereitung:

Rohr auf 80 °C vorheizen.

Mais abtropfen lassen. Milch und Eier gut versprudeln. Milch, Mais, Petersilie und ev. Chili untermischen. Mit Salz, Pfeffer und dem zerdrückten Knoblauch würzen.

Wenig Öl in einer flachen Pfanne erhitzen und mit einem Löffel Teighäufchen in die Pfanne setzen, leicht platt drücken und beidseitig braten. Anschließend auf Küchenpapier abtropfen lassen und warm stellen. Die gesamte Masse ebenso verarbeiten.

Den Blattspinat waschen, die Stiele abschneiden, grob hacken. Anschließend in einer Pfanne in der geschmolzenen Butter zusammenfallen lassen. Mit Muskatnuss, Salz und Pfeffer würzen.

Abwechselnd Maisfladen und Spinat übereinander schichten, pro Burger 3 x Maisfladen, 2 x Spinatfülle.

| Herbst

GEMÜSEAUFLAUF G

Zutaten für 4 Personen:

500 g weiße Zwiebeln
600 g rote Paprika
150 g Tomaten
1 Melanzani
1 Zucchini
2 Scheiben Weißbrot vom Vortag
1 TL Tomatenmark
2 Stiele Oregano
1 Zweig Rosmarin
½ TL Fenchelsamen
2 EL Rapsöl

TIPP: Dazu passt Entenbrust oder Roastbeef.

Zubereitung:

2 EL Rapsöl erhitzen und die geschälten und in feine Scheiben geschnittenen Zwiebeln mit dem Fenchelsamen 15 Min. weich dünsten. 50 ml Wasser dazugeben, mit Salz und Pfeffer würzen. In eine Auflaufform geben.

Paprika putzen und in 2 cm große Stücke schneiden, 5 Min. in einer Pfanne braten, das Tomatenmark, 50 ml Wasser und die klein geschnittenen Tomaten dazugeben und weich garen. Mit Salz und Pfeffer würzen, beiseite stellen.

Melanzani putzen und längs in 1 cm dicke Scheiben schneiden. Salzen und 15 Min. ziehen lassen. Zucchini gut waschen und längs in dünne Scheiben schneiden, salzen, pfeffern. Zucchinischeiben in einer Pfanne in 1 EL Rapsöl 2 Min. anbraten. Herausnehmen und auf Küchentüchern abtropfen lassen.

Rosmarin und Melanzani in 1 EL Rapsöl scharf 3 Min. anbraten, auf Küchenpapier abtropfen lassen. Melanzani zu den Zwiebeln in die Auflaufform geben, Paprika und Zucchini darauflegen.

Das Weißbrot würfeln und mit den Oreganoblättchen grob hacken und auf die Zucchini bröseln. Auflauf im Rohr 30 Min. backen.

Grünkohlgemüse mit Bachforelle & Petersilienkartoffeln

Zutaten für 4 Personen:

500 g Kartoffeln, festkochende
Salz, Pfeffer
50 g Petersilie
3 EL Butter
400 g Grünkohl
2 EL Kräuteressig
1 TL Dijon Senf
5 EL Rapsöl
400 g Bachforellenfilets
Saft 1 Zitrone
2 EL Semmelbrösel
50 g Butter

Zubereitung:

Den Grünkohl putzen und in kleine Stücke zerzupfen. In kochendem Salzwasser zusammenfallen lassen, kurz mit kaltem Wasser spülen, abtropfen lassen. In einem Topf etwas Zitronensaft, Essig, 1 EL Butter, Senf, Salz und Pfeffer mit dem Grünkohl vermengen.

Die Kartoffeln kochen und schälen. Die Kartoffeln in ca. 3 cm große Stücke schneiden. Die Butter in einer flachen Pfanne schmelzen, die Kartoffeln dazugeben, durchschwenken. Zum Schluss die feingehackte Petersilie untermischen.

Die Forellenfilets halbieren, mit Zitronensaft, Salz und Pfeffer würzen und in den Bröseln wälzen. Im Rapsöl beidseitig anbraten.

Den Grünkohl anrichten, die Forellenfilets darauflegen und mit den Petersilienkartoffeln servieren.

| Herbst

Kartoffel-Gemüse-Auflauf G

Zutaten für 4 Personen:
800 g speckige Kartoffeln
300 g Broccoli
300 g Babykarotten
40 g Schnittlauch
6 Eier
200 g Sauerrahm
200 ml Creme fraiche
200 ml Schlagobers
150 g würzigen Bergkäse, zerkleinert
Salz, Pfeffer, Muskatnuss
Semmelbrösel
1 TL Butter

Zubereitung:

Broccoli und Karotten auftauen lassen.
Kartoffeln kochen, schälen und in Scheiben schneiden. Broccoli und Karotten in mundgerechte Teile schneiden. Mit dem Schnittlauch und den Kartoffeln vermischen.

Eine Auflaufform (ca. 26 x 18 cm groß) mit Butter ausstreichen und mit den Bröseln ausstreuen.

Backrohr auf 160 °C Umluft vorheizen.

Gemüse in die Form füllen.

Eier mit Sauerrahm, Creme fraiche und Schlagobers verquirlen, mit Salz, Pfeffer und Muskatnuss würzen und den Bergkäse untermischen. Die Sauce über das Gemüse gießen.

Auf der mittleren Schiene ca. 45 Min. backen.

TIPP: Broccoli, Schnittlauch und Karotten dürfen ruhig tiefgefroren sein. Es schont die Fingergelenke!

Welsfilet in der Papillote

Zutaten für 4 Personen:
4 Welsfilets á 120 g
Fischgewürz, z. B. von Sonnental

Für die Salsa:
400 g Stangensellerie
1 Apfel
2 EL Zitronensaft
4 EL Olivenöl

Für das Gemüse:
150 g Stangensellerie
300 g Champignons
1 TL Dijon Senf
1 TL Honig
150 ml Weißwein
2 EL Olivenöl
1 EL Fenchelsamen

 Beilageempfehlung: Wildreis

Zubereitung:

Sellerie putzen, schälen, in kleine Stücke schneiden. Apfel gut waschen, das Kerngehäuse entfernen und in kleine Stücke schneiden. Anschließend Sellerie und Äpfel mit Salz, Zitronensaft und Öl vermischen und gut durchziehen lassen.

Für das Gemüse den Sellerie putzen, längs halbieren und in 2 cm große Stücke schneiden. Champignons mit einem Pinsel putzen und halbieren. Für die Marinade Senf, Honig, Wein, Öl und die gerösteten Fenchelsamen vermischen, mit Salz und Pfeffer würzen.

Das Rohr auf 180 °C Umluft vorheizen. 4 Blatt Backpapier ca. 40 x 40 cm groß vorbereiten. Auf jedes Blatt ein Viertel des Gemüses verteilen, das Fischfilet daraufsetzen und mit dem Fischgewürz würzen. Mit der Marinade beträufeln. Anschließend das Backpapier gut zu einem Packerl schließen und mit Spagat verschließen.

Die Packerl auf ein Backblech legen und ca. 25 Min. backen. Je ein Packerl auf einen Teller legen, Spagat entfernen. Mit Salsa servieren.

| Herbst

Gebratener Reis mit Gemüse und Spiegelei

Zutaten für 4 Personen:

220 g Basmatireis
20 g Ingwer
3 Knoblauchzehen
100 g Sprossen
200 g braune Champignons
6 EL Rapsöl
6 EL Sojasauce
4 Eier
frischer roter Chili

Zubereitung:

Reis nach Packungsanweisung kochen.

Ingwer und Knoblauch schälen und fein hacken. Sprossen in einem Sieb heiß abspülen und abtropfen lassen. Champignons putzen und vierteln.

2 EL Öl in einer Pfanne erhitzen, Ingwer und Knoblauch hineingeben und kurz anbraten. Pilze dazugeben und 5 Min. kräftig braten. Nach 3 Min. die Sprossen dazugeben. Durchmischen.

In einer zweiten Pfanne 2 EL Öl erhitzen und den Reis unter Rühren ca. 5 Min. anbraten. Anschließend die Pilz-Knoblauch-Ingwer-Sprossenmischung unterheben und mit Sojasauce würzen.

Die Eier in 2 EL Öl zu Spiegeleiern braten.

Reis mit frischem, klein gehacktem Chili bestreuen, Spiegeleier darüberlegen.

Roastbeef

Zutaten für 4 Personen:
1 kg Beiried
3 EL scharfen englischen Senf
Salz
Pfeffer

Zubereitung:

Das Beiried mit Salz und Pfeffer gut einreiben, mit Senf bestreichen.

Beiried in Rapsöl auf allen Seiten scharf anbraten.

Anschließend auf ein Gitter legen und im Rohr bei 120 °C (Ober/Unterhitze) ca. 50 Min. garen.

Die Kerntemperatur soll 54 °C betragen.

Anschließend 20 Min. rasten lassen, dann in der Pfanne nochmals kurz anbraten.

| Herbst

Petersilien-Couscous

Zutaten:

200 g Couscous
350 ml Gemüsesuppe
Salz
5 EL Petersilie gehackt
60 g Butter

Zubereitung:

Gemüsesuppe aufkochen und über den Couscous gießen, 10 Min. ziehen lassen.

Butter aufschäumen lassen und über den Couscous geben.

Petersilie darüberstreuen und durchmischen, abschmecken.

 Eine ideale Beilage zum Roastbeef, aber auch zu Zander!

Gobetti mit Leber und Salbei

Zutaten für 4 Personen:
400 g Gobetti
250 g Kalbsleber
150 g Champignons
2 EL Olivenöl
2 EL Butter
1 kleine Zwiebel
eine Handvoll frischer Salbeiblätter

Zubereitung:

Champignons putzen und in feine Scheiben schneiden. Leber putzen und in Streifen schneiden. Gobetti in kochendem Salzwasser al dente kochen, abgießen und abtropfen lassen. Das Nudelwasser aufheben!

Olivenöl gemeinsam mit der Butter in einer großen Pfanne erhitzen, die fein gewürfelte Zwiebel anschwitzen, Champignons dazugeben und anbraten. Anschließend aus der Pfanne nehmen. Im Bratrückstand die Leber anbraten. Dann Champignons, Zwiebel und Salbei dazugeben und mit Salz und Pfeffer würzen und mit etwas Nudelwasser ablöschen.

Die Gobetti dazugeben und anrichten.

| Herbst

Kabeljaufilet mit Butterkürbisspaghetti

Zutaten für 4 Portionen:
1 Butternusskürbis
4 Kabeljaufilets
4 EL Olivenöl
60 g Butter
15 frische Salbeiblätter
Salz
Pfeffer

Zubereitung:

Den Butterkürbis schälen, in längliche Stücke schneiden und mit einem Spiralschneider in feine Spaghetti schneiden. Die Kürbisnudeln mit Olivenöl beträufeln und durchmischen.

Die Kürbisnudeln auf einem mit Backpapier belegten Backblech verteilen und 8 Min. im Backofen bei 200 °C backen.

Butter in einem kleinen Topf zerlassen und die grob geschnittenen Salbeiblätter dazugeben. Umrühren, bis sich die Butter und Blätter leicht bräunen. Von der Herdplatte ziehen.

Anschließend die Kabeljaufilets in einer beschichteten Pfanne ca. 3 Min. auf jeder Seite goldbraun anbraten. Mit Salz, Pfeffer und Zitrone abschmecken.

Die Kürbisspaghetti aus dem Ofen holen, durch die Salbeibutter schwenken und zusammen mit dem Fisch servieren.

Kartoffel-Kohl-Curry G

Zutaten für 4 Personen:

1 Zwiebel geschält
3 geschälte Knoblauchzehen
3 EL Öl
600 g festkochende Erdäpfel
4 EL Currypulver
1 EL Ras El Hanout

400 g Kohl – ca. ½ Kohlkopf
250 ml Gemüsesuppe
125 ml Schlagobers
Salz
Pfeffer

Zubereitung:

Vom Kohl die dunklen Blätter und den Strunk entfernen. In 1 cm dicke Streifen schneiden, 3 Min. im Salzwasser blanchieren, gut abtropfen lassen und mit den Händen ausdrücken.

Zwiebel und Knoblauch fein hacken und in Öl anrösten. Kartoffeln in Würfel schneiden und mitrösten, Curry und Ras El Hanout darüberstreuen, umrühren und mit der Suppe aufgießen.

20 Min. bei mittlerer Hitze köcheln lassen.

Kohl zugeben und nochmals ca. 20 Min. mitköcheln lassen, ev. mit etwas Suppe aufgießen.

Obers zugeben, sämig einkochen lassen und mit Salz und Pfeffer abschmecken.

| Herbst

Gebratenes Rehfilet mit Kohlsprossenblättern ⒢

Zutaten für 4 Personen:
800 g Rehrückenfilet
2 EL Thymian
Pfeffer aus der Mühle
8 Scheiben Speck
Rapsöl

Für die Kohlsprossen:
400 g Kohlsprossen
30 ml Olivenöl
1 Knoblauchzehe, fein gehackt
1 TL frisches Basilikum, fein geschnitten
½ TL Anis oder Kümmel
Pfeffer
Salz

Zubereitung:

Aus dem Filet 8 Stücke schneiden, mit Pfeffer und Thymian würzen und mit dem Speck umwickeln.

Das Öl erhitzen und die Filets darin anbraten, dann Hitze zurücknehmen und fertig braten. Das Fleisch soll innen noch rosa sein.

Kohlsprossen waschen und entblättern. In einem flachen Kochtopf das Olivenöl erwärmen und den Knoblauch kurz dünsten, Blätter dazugeben, salzen, pfeffern und zugedeckt 3 Min. dünsten. Mit Basilikum, Anis oder Kümmel abschmecken und servieren.

Topfen-Rosinen-Weckerl

Zutaten:
Schale von 1 Bio-Orange
2 EL Öl
½ Pkg. Bröseltopfen
180 g Vollkornmehl
1 EL Zucker
2 EL Rosinen
eine Prise Salz
1 TL Lebkuchengewürz
½ Pkg. Weinsteinbackpulver
80 ml kaltes Wasser
(je nach Konsistenz)

Zubereitung:

Die Schale der Orange in eine Schüssel raspeln. Öl und Topfen dazugeben und verrühren. Mehl darüber sieben, in die Mitte eine Mulde drücken. Die trockenen Zutaten hineinfüllen und alles gut miteinander verrühren.

Je nach Konsistenz Wasser hinzufügen. Aber Achtung: der Teig soll fest bleiben, sonst werden die Weckerl nicht knusprig.

Mit einem Esslöffel Häufchen auf ein mit Backpapier belegtes Backblech setzen.

20 Min. bei 180 °C im Rohr backen. Die Weckerl nur leicht bräunen. Sofort genießen!

| Herbst

BUTTERMILCH-PARFAIT MIT TRAUBEN

Zutaten für 4 Personen:

250 ml Buttermilch
125 ml Schlagobers
Schale einer ½ Bio-Orange
50 ml Orangensaft
30 g Staubzucker
1 Pkg. Vanillezucker
4 Blatt Gelatine

250 g Trauben
30 g Kristallzucker
30 g Butter
Mark einer ½ Vanilleschote

Zubereitung:

Obers schlagen und kühl stellen. Gelatine in Wasser einweichen. Buttermilch mit der Hälfte des Orangensaftes, der abgeriebenen Orangenschale, Staub- und Vanillezucker glatt rühren. Gelatine ausdrücken und im Rest des Orangensaftes auflösen.

Gelatine und die Hälfte des Schlagobers in die Buttermilch rühren, übriges Schlagobers unterheben.

Die Creme in 4 kalte Förmchen oder Schüsserl füllen und für ca. 4 Std. kalt stellen.

Die Trauben halbieren und entkernen. Zucker in der Butter sehr hell karamellisieren lassen, mit 4 EL Wasser ablöschen und aufkochen. Die Trauben und das Vanillemark dazugeben und darin ziehen lassen.

Die Förmchen kurz in warmes Wasser tauchen und das Parfait auf Teller stürzen, mit den Trauben garnieren.

Heidelbeer-Tarte

Mürbteig-Zutaten:
200 g kalte Butter
100 g Staubzucker
300 g Mehl
1 Pkg. Vanillezucker

Füllung:
500 g frische Heidelbeeren
200 g gefrorene Heidelbeeren
50 g Zucker
35 g Stärke
Saft und Schale einer Bio-Orange
Pistazien

TIPP: Mürbteig immer rasch verarbeiten, sonst wird er brandig!

Zubereitung:

Die Butter in kleine Stücke schneiden und zusammen mit den restlichen Zutaten zu einem glatten Teig verkneten. Im Kühlschrank 30 Min. rasten lassen.

Eine Tarteform ausfetten und mit Mehl ausstauben. Anschließend den Mürbteig ausrollen und damit die Tarteform auslegen. Überstehende Ränder abschneiden, den Teigrand gut festdrücken. Den Boden mit einer Gabel mehrmals einstechen und bei 190 °C ca. 15 Min. backen.

Die frischen Heidelbeeren, Zucker, Stärke und Orangenschalen und -saft in einen Topf geben. Alle Zutaten gut verrühren und aufkochen lassen. Wenn die Masse anfängt zu binden, kommen die gefrorenen Heidelbeeren dazu. Die Masse vom Herd nehmen und etwas abkühlen.

Den restlichen Mürbteig ausrollen und in dünne Streifen schneiden. Die Heidelbeermasse in die Tarteform füllen und mit den Teigstreifen ein Gitter bilden. Bei 190 °C ca. 20 Min. backen, bis das Gitter eine goldbraune Farbe hat. Nach dem Backen mit gehackten Pistazien bestreuen und in der Form vollständig auskühlen lassen.

| Herbst

Rote-Rüben-Kuchen mit Birnen

Zutaten:

230 g vorgekochte und geschälte rote Rüben
150 ml Sonnenblumenöl
3 Eier
180 g glattes Mehl
½ Pkg. Backpulver
140 g fein gehackte weiße Schokolade
185 g Zucker
Butter und Mehl für die Form

Garnitur:

1 Birne
30 g Kristallzucker
250 ml Schlagobers

Zubereitung:

Rote Rüben klein schneiden, mit Sonnenblumenöl in einer Schüssel mit dem Stabmixer pürieren. Die Eier einzeln mit dem Schneebesen unterrühren.

Mehl mit den restlichen Zutaten vermischen und das Rote-Rüben-Püree dazugeben. Alles zu einem glatten Teig verrühren.

Eine Kastenform buttern und mit Mehl ausstauben. Masse einfüllen und im Backrohr auf der mittleren Schiene ca. 45 Min. bei 160 °C backen. Kurz in der Form auskühlen lassen und stürzen.

Die Birne in feine Scheiben schneiden. In einer Pfanne den Kristallzucker karamellisieren und die Birnen darin auf beiden Seiten anbraten, auskühlen lassen.

Schlagobers steif schlagen.

Den Kuchen in Scheiben schneiden, mit etwas Schlagobers und einem Birnenstück servieren.

Mohntorte G

Zutaten:

4 Eier
75 g Kristallzucker
75 g Staubzucker
125 g zerlassene Butter
200 g fein geriebenen Mohn
Schale einer halben Bio-Orange
Butter
Staubzucker

Zubereitung:

Eier in Dotter und Eiklar trennen.

Eiklar mit Kristallzucker zu cremigem Schnee schlagen.

Dotter mit Staubzucker cremig rühren, Butter, Mohn und die geriebene Orangenschale einrühren, den Schnee unterheben.

Eine Springform (Durchmesser 24 cm) mit Butter ausstreichen und die Masse einfüllen.

Im Backrohr bei 160 °C auf der mittleren Schiene 40 Min. backen, herausnehmen und auskühlen lassen.

Mit Staubzucker und einigen Physalis (Kapstachelbeeren) servieren.

 Mohn ist ein hochwertiger Kalziumlieferant!

Winter

Gerstlsuppe 148
Kohlsprossensuppe [G] 149
Eingelegter Ingwer 150
Kartoffelstrudel [G] 151
Asiatischer Nudelsalat mit Hühnerleber 152
Jakobsmuschel im Hemd mit Petersilienmus 153
Saibling in der Folie gebraten mit Kartoffeln [G] 156
Krautstrudel mit Kräuterrahm [G] 157
Ossobuco mit Gremolata und grünen Bandnudeln 158
Paprikahendl 159
Saiblingsfilet auf Rote-Rüben-Risotto [G] 160
Wildschweinragout mit Pilzen 161
Broccolipizza [G] 164
Englisch-indische Hühnersuppe [G] 165
Eiernudeln mit Huhn und Asia-Gemüse [G] 166
Gemüseeintopf [G] 168
Zucchinipasta Aglio et Olio [G] 169
Pochierter Saibling im Karottensud
mit Lauchsprossen [G] 170
Linsenbolognese mit Bandnudeln [G] 171
Zitronenhuhn mit Oliven [G] 174
Schokolade-Mousse-Torte 175
Weihnachtstrifle 176
Heißer Bratapfeltee 177
Gefüllter Apfel mit Topfensouffle [G] 178

Das „rheumatische" Weihnachtsmenü 180
Zeller-Rahm-Suppe mit Forellenfilet 182
Entenbrust mit Balsamico-Rotkraut 183
Schoko-Mocca-Mousse 184

GERSTLSUPPE

Zutaten für 4 Personen:

400 g weiße Bohnen aus der Dose

500 g Wurzelwerk

100 g Rollgerste

ca. 1,5 l Gemüsesuppe

300 g mageres Geselchtes vom Bioschwein

Salz

etwas Muskatnuss

weißer Pfeffer

½ TL Bohnenkraut, gehackt

1 TL Majoran, gehackt

Petersilie und Schnittlauch

Zubereitung:

Wurzelwerk fein würfeln. Gerste und Geselchtes in der Gemüsesuppe mit Majoran und Bohnenkraut ca. 35 Min. weich kochen, anschließend das gewürfelte Wurzelwerk und die Bohnen dazugeben. 3 Min. kochen. Mit Salz und Pfeffer abschmecken.

Geselchtes aus der Suppe nehmen, in ca. 1 cm große Würfel schneiden. In die Suppe geben und mit Schnittlauch und Petersilie garnieren.

Mit Schwarzbrot anrichten.

KOHLSPROSSENSUPPE

Zutaten für 4 Personen:

1 Zwiebel
50 g Speck
1 l Rindsuppe
500 g Kohlsprossen
1 Kartoffel
200 g Creme fraiche
Muskatnuss
Salz
Pfeffer

Zubereitung:

Die Zwiebel klein schneiden und mit dem Speck anbraten. Mit Suppe aufgießen. Kohlsprossen putzen, Kartoffel schälen und vierteln, in Salzwasser weich kochen. Abseihen und in die Suppe geben, mit einem Stabmixer fein pürieren.

Zum Schluss Creme fraiche unterrühren und mit Muskatnuss, Salz und Pfeffer abschmecken.

Dazu passt ein gutes Bauernbrot.

| Winter

Eingelegter Ingwer

Zutaten für 4 Gläser á 100 ml:
200 g Ingwer
180 ml Rotweinessig
2 TL Salz
50 ml Wasser
70 g Rohrzucker

Zubereitung:

Ingwer gut waschen. Nicht schälen, da unter der Schale die meisten sekundären Pflanzenstoffe stecken.

In sehr dünne Scheiben schneiden. Mit Salz vermengen und 20 Min. ziehen lassen.

Essig, Wasser und Zucker aufkochen. Ingwer kalt abspülen, in den Essigsud geben und 3 Min. köcheln lassen.

Den Ingwer heiß in sterile Gläser füllen, mit Sud übergießen und gut verschließen.

TIPP: Kühl und dunkel gelagert ist der eingelegte Ingwer 2-3 Monate haltbar.

Kartoffelstrudel G

Zutaten für 4 Personen:

400 g festkochende Kartoffeln
100 g Lauch
3 EL Butter
1 fein gehackte Knoblauchzehe
200 ml Sauerrahm
Muskatnuss
Salz, Pfeffer
1 Pkg. Strudelteig
zerlassene Butter

Zubereitung:

Die Kartoffeln waschen, kochen und schälen. Den Lauch waschen, in feine Scheiben schneiden und in der Butter weich dünsten. Knoblauch dazugeben.

Die Kartoffeln in kleine Würfel schneiden, mit dem gedünsteten Lauch und dem Sauerrahm vermischen. Mit Salz, Pfeffer und Muskatnuss gut würzen.

Den Strudelteig auf einem feuchten Tuch ausrollen, mit zerlassener Butter bestreichen und die Kartoffelmasse auftragen. Einrollen. Den Strudel auf ein mit Backpapier belegtes Backblech legen, mit zerlassener Butter bestreichen und ca. 25 Min. bei 180 °C Umluft goldbraun backen.

TIPP: Man isst den Strudel als Hauptspeise mit grünem Salat oder als Suppeneinlage.

| Winter

Asiatischer Nudelsalat mit Bio-Hühnerleber

Zutaten für 4 Personen:

150 g Reisnudeln
4 Jungzwiebeln
2 Knoblauchzehen
2 cm frischen Ingwer
4 EL Sweet Chili Sauce
25 g frischen Koriander

Fischsauce
2 Limetten
400 g Hühnerleber
4 EL Rapsöl
Salz

Zubereitung:

Reisnudeln in eine Schüssel geben, mit kochendem Wasser übergießen und 5 Min. quellen lassen. Anschließend abseihen und mit kaltem Wasser abschrecken.

Hühnerleber in kleine Stücke zerteilen und im Rapsöl auf allen Seiten kurz anbraten. Salzen und vom Herd nehmen, aber noch in der Pfanne rasten lassen.

Koriander von den Stielen zupfen , Stiele fein schneiden, Knoblauch und Ingwer schälen, Ingwer fein reiben. Sweet Chili Sauce, 4 EL Fischsauce, etwas Wasser, den Saft der Limetten mit Knoblauch, Ingwer und dem Koriander gut verrühren.

Zwiebeln putzen und in feine Ringe schneiden.

Die Nudeln (einige Male durchschneiden), die Zwiebeln und die Sauce vermischen. Die warme Hühnerleber unterheben und sofort servieren.

Jakobsmuschel im Hemd mit Petersilienmus

Zutaten für 4 Personen:
12 Stück frische Jakobsmuscheln
2 x Strudelteig
Zerlassene Butter
Salz
Pfeffer
Chili
Rapsöl

Für das Petersilienmus:
40 g Petersilie
80 g Mayonaise
80 g Creme fraiche
Salz
Pfeffer
Saft einer Limette

Zubereitung:

Für das Petersilienmus alle Zutaten zusammenmischen und mit einem Pürierstab mixen.

Die Strudelblätter mit Butter zusammenkleben und Kreise, etwas größer als die Jakobsmuscheln ausstechen.

Die Jakobsmuscheln mit Salz, Pfeffer und ganz wenig Chili würzen, zwischen die ausgestochenen Strudelblätter legen und die Ränder gut andrücken. In der Pfanne das Rapsöl erwärmen und die Päckchen goldgelb herausbacken.

Je 3 Stück auf einen Teller legen und mit Petersilienmus servieren.

TIPP: Ein bisschen aufwendig, aber es zahlt sich aus!

| Winter

Saibling in der Folie gebraten mit Kartoffeln

Zutaten für 4 Personen:
4 ausgenommene Saiblinge
Salz
Butter
4 Rosmarinzweige
Petersilie
8 Knoblauchzehen
Olivenöl
1 kg kleine Kartoffeln
Rosmarin

Zubereitung:

Saiblinge waschen. Je einen Fisch auf ein ausreichend großes Stück Alufolie legen. Salzen, den Bauchraum mit Kräutern und 2 Knoblauchzehen füllen. Die Haut mit Olivenöl bestreichen und die Alufolie verschließen.

Die Fische im Backrohr bei 170 °C auf jeder Seite 10 Min. braten.

Kartoffeln kochen, schälen und in ca. 2 x 2 cm große Stücke schneiden. Olivenöl in einer Pfanne erhitzen und Kartoffeln anbraten, mit gehacktem Rosmarin und Salz verfeinern.

TIPP: Dazu passt ein Gartensalat.

Krautstrudel mit Kräuterrahm

Zutaten:

1 Pkg. Strudelteig
2 Dotter
1,5 kg Weißkraut
2 Zwiebeln
10 g braunen Zucker
100 g Margarine
150 ml Gemüsesuppe
60 g Semmelbrösel

Kräuterrahm:
200 g Sauerrahm mit je 1 EL Petersilie und frischem Majoran und einer gehackten Knoblauchzehe verrühren.

Zubereitung:

Rohr auf 180 °C aufheizen.

Das Kraut in feine Streifen schneiden, Zwiebeln halbieren und in feine Streifen schneiden. Margarine schmelzen und den Zucker darin karamellisieren lassen, mit Suppe ablöschen, aufkochen lassen, Zwiebeln und Kraut dazugeben. Mit Salz, Pfeffer und Kümmel würzen und bissfest dünsten. Auskühlen lassen.

Einen Strudelteig auf ein feuchtes Tuch legen, mit Butter bestreichen. Das zweite Teigblatt darauflegen und ebenfalls mit Butter bestreichen.

Die Hälfte vom Kraut auf 2/3 der Teigfläche geben und mit der Hälfte der Brösel bestreuen. Teigränder einschlagen und einrollen. Auf ein mit Backpapier belegtes Backblech legen und mit Dotter bestreichen.

Einen zweiten Strudel formen.

Strudel 25 Min. auf der mittleren Schiene backen.

| Winter

Ossobuco mit Gremolata und grünen Bandnudeln

Zutaten für 4 Personen:
4 Stk. Kalbshaxen, ca. 2 cm dick
1 Zwiebel
250 g Karotten
250 g Staudensellerie
250 g Kirschtomaten
2 EL Rapsöl
2 Knoblauchzehen
Salz, Pfeffer

1 EL Butter
2 EL Mehl
125 ml Weißwein
125 ml Kalbsfond

Gremolata:
Schale einer ½ Bio-Zitrone
1 Bund frische Petersilie
4 Knoblauchzehen

Zubereitung:

Fleisch abspülen, trocken tupfen und Rand einschneiden, damit es sich nicht wölbt. Salzen und pfeffern, anschließend mehlieren.

Zwiebel schälen und würfeln. Knoblauch, Karotten und Staudensellerie in feine Scheiben schneiden. Tomaten abwaschen.

Öl und Butter in einem Bräter erhitzen, Fleisch kurz, aber kräftig anbraten, anschließend herausnehmen und warm stellen.

Gemüse im Bratrückstand anbraten, mit Salz und Pfeffer würzen, Fleisch dazugeben. Anschließend mit Wein und Fond aufgießen. Im Backrohr bei 180 °C mit geschlossenem Deckel ca. 1,5 Std. garen.

Für die Gremolata Knoblauch abziehen und sehr fein hacken, Petersilie ebenfalls sehr fein hacken. Zitronenschale abreiben und alles sehr gut vermischen. Über das Fleisch streuen.

Dazu passen sehr gut grüne Bandnudeln.

Paprikahendl
Eine Erinnerung an meine Grossmutter

Zutaten für 6 Personen:

1,5 kg Hühnerteile, am besten Oberkeulen
Butterschmalz zum Anbraten
250 g Zwiebeln
1 TL Tomatenmark
1,5 l Hühnersuppe
20 g edelsüßes Paprikapulver
1 TL getrockneter Majoran
150 ml Sauerrahm
50 g Mehl
Salz

TIPP: Mit etwas Sauerrahm anrichten. Dazu passen sehr gut Butternockerln.

Zubereitung:

Hühnerteile waschen, trocken tupfen und in einem großen Topf im Butterschmalz anbraten. Herausnehmen, warm stellen. Zwiebeln in feine Scheiben schneiden, bei mittlerer Hitze im Bratenrückstand weich braten. Tomatenmark dazugeben, unter ständigem Rühren anrösten, Majoran dazugeben und mit der Suppe aufgießen.

Die Hühnerteile wieder in den Topf geben, notfalls mit etwas Suppe aufgießen, damit sie bedeckt sind. 1 Std. bei geschlossenem Deckel schmoren lassen.

Anschließend die Hühnerteile aus dem Topf nehmen. Sauerrahm mit Mehl und etwas Wasser vermischen, dann unter ständigem Rühren in die heiße Suppe einfließen lassen. Einmal kräftig aufkochen. Die Hühnerteile wieder zurück in den Topf geben und 15 Min. ziehen lassen.

| Winter

SAIBLINGSFILET AUF ROTE-RÜBEN-RISOTTO

Zutaten für 4 Personen:

4 Saiblingsfilets á 140 g
400 g Risottoreis
150 g rote Rüben, gekocht und geschält
60 g Parmesan, gerieben
2 EL Butter
800 ml Gemüsesuppe

Salz, weißer Pfeffer
80 g frischer Kren
1 Zwiebel
40 g Creme fraiche
150 ml Weißwein
Olivenöl

Zubereitung:

Die Zwiebel schälen und würfeln, in einem breiten Topf in 1 EL Olivenöl glasig anbraten. Anschließend den Risottoreis dazugeben und ständig rühren. Sobald der Reis glasig ist, mit Weißwein ablöschen. Wenn dieser eingekocht ist, ca. 200 ml Gemüsesuppe aufgießen und langsam einkochen lassen. Immer wieder umrühren, diesen Vorgang noch 3 x wiederholen. Nach ca. 15–20 Min. sollte der Reis weich, aber noch bissfest sein.

Jetzt die roten Rüben klein würfeln und gemeinsam mit dem Kren, der Creme fraiche, dem Parmesan und der Butter zum Reis geben. Kräftig umrühren. Mit Salz und Pfeffer abschmecken.

Den Fisch waschen und trocken tupfen. Die Haut 3–4 x einritzen. Mit Salz und Pfeffer würzen.

In heißem Olivenöl auf der Hautseite knusprig anbraten. Hitze reduzieren, die Fischfilets umdrehen und kurz mit einem kleinen Stück Butter braten.

Den Risotto in der Mitte eines Tellers anrichten, Fischfilet darauflegen. Mit einem Spritzer Olivenöl und etwas frisch geriebenen Kren anrichten.

Wildschweinragout mit Pilzen

Zutaten für 4 Personen:

- 600 g Wildschweinschulter
- 300 g Wurzelgemüse
- 1 Zwiebel
- 5 Knoblauchzehen
- 6 Wacholderbeeren
- 6 Pfefferkörner
- 3 Lorbeerblätter
- 2 EL Paradeismark
- 200 ml Rotwein
- 250 g Eierschwammerl
- 6 EL Rapsöl
- Salz
- Wasser

Zubereitung:

Fleisch in 2 cm große Würfel schneiden.

Wurzelgemüse putzen und in ca. 1 cm große Würfel schneiden. Zwiebel und Knoblauch schälen und fein würfeln. Fleisch im 5 EL Rapsöl anbraten, Paradeismark dazugeben, 1 Min. anrösten, dann das Gemüse dazugeben, kurz durchrühren und mit dem Rotwein ablöschen. Einkochen lassen.

Fleisch mit Wasser aufgießen, sodass es knapp bedeckt ist und ca. 30 Min. weich kochen.

Die geputzten Eierschwammerl in mundgerechte Stücke schneiden, in 1 EL Rapsöl anbraten und mit dem Ragout anrichten.

 Als Beilage: Bandnudeln, Kartoffeln

| Winter

BROCCOLIPIZZA ⌞G⌟

Zutaten für den Boden:
600 g Broccoli
120 g geriebene Mandeln
4 EL Dinkelmehl
3 Eier
Salz
5 EL Parmesan, frisch gerieben

Zutaten für den Belag:
500 g jungen Blattspinat
4 Knoblauchzehen, fein gehackt
1 frischer Chili
250 g Mozzarella
Schale einer unbehandelten Zitrone, fein gerieben
5 EL Olivenöl
Salz, Pfeffer

Zubereitung:

Für den Boden den Broccoli im Mixer zerkleinern, anschließend mit den Mandeln, den Eiern, dem Mehl und Salz in einer Schüssel zu einem weichen Teig verkneten, 10 Min. rasten lassen.

Teig auf einem mit Backpapier belegten Backblech zu einem 1 cm dicken Fladen verteilen. Mit Parmesan bestreuen und ca. 20–25 Min. bei 200 °C knusprig backen.

Für den Belag den Spinat kurz in kochendem Salzwasser blanchieren, kalt abspülen und gut abtropfen lassen. Ausdrücken. In einer Schüssel mit Knoblauch, Salz und Pfeffer abschmecken.

Spinat auf dem Pizzaboden verteilen, den gut abgetropften Mozzarella in kleine Stücke zupfen und auf den Spinat legen. Den frischen Chili in feine Ringe schneiden und darauf verteilen. Weitere 5–8 Min. bei 200 °C backen.

Zitronenschale mit Salz, Pfeffer und Olivenöl vermengen. Die Pizza damit beträufeln.

Englisch-Indische Hühnersuppe G

Zutaten:

1 Huhn, ca. 1,2 kg schwer
2 Lorbeerblätter
8 Pfefferkörner
40 g frischer Ingwer
1 Bund Suppengrün
Salz
1 Knoblauchzehe
1 Zwiebel

2 rote Paprika
2 EL Butter
1 Pkg. rote Currypaste
z. B. Blue Elephant
400 ml Kokosmilch
4 Lauchzwiebeln
1 frischer roter Chili
3 EL Limettensaft
Pfeffer

 Wer möchte, kann noch gekochten Reis in die Suppe geben.

Zubereitung:

Das Huhn in 2 Liter Wasser mit Pfefferkörnern, Lorbeerblättern und Ingwer 1,5 Std. zugedeckt kochen.

Dann das Suppengemüse dazugeben.

Nach insgesamt 2 Std. Kochzeit das Huhn und das Gemüse aus der Suppe heben. Das Fleisch von den Knochen lösen und klein schneiden. Die Karotten, die Rübe klein schneiden. Die Suppe abseihen.

Den Zwiebel und die Knoblauchzehe fein schneiden und in 2 EL Butter glasig dünsten. Den klein geschnittenen Paprika dazugeben. Die Currypaste dazugeben und kurz anrösten, dann die Kokosmilch dazugeben. Kurz aufkochen lassen, dann die Suppe dazugeben und 2 Min. kochen.

Das Fleisch und das Gemüse dazugeben, die in Ringe geschnittenen Jungzwiebeln und den Chilli dazugeben. 1 x aufwallen lassen. Mit Limettensaft und Pfeffer abschmecken.

| Winter

Eiernudeln mit Huhn und Asia-Gemüse G

Zutaten für 4 Personen:

250 g Eiernudeln
100 g Chinakohl
2 Stk. Jungzwiebeln
100 g Erbsenschoten
40 g Sojasprossen
2 EL Sesamöl
3 Knoblauchzehen, klein gehackt
1 rote Chilischote

400 g Hühnerfleisch
2 EL Fischsauce
2 EL Sojasauce
2 EL Limettensaft
1 TL brauner Zucker
2 EL Reiswein
20 g frische Korianderblätter, klein gehackt

Zubereitung:

Die Eiernudeln 4 Min. in Salzwasser kochen, abtropfen lassen und zur Seite stellen.

Chinakohl waschen, vom Strunk befreien und in feine Streifen schneiden. Erbsenschoten waschen, halbieren. Den Jungzwiebel in feine Ringe schneiden. Die Chilischoten fein hacken.

Sesamöl in einer großen Pfanne erhitzen. Knoblauch, Chili und das Hühnerfleisch dazugeben und ca. 3 Min. scharf anbraten. Anschließend Chinakohl, Jungzwiebeln, Sojasprossen und Erbsenschoten dazugeben. Kurz anbraten und die Eiernudeln dazugeben und eine weitere Minute braten.

Für die Sauce Fisch- und Sojasauce, Limettensaft, Zucker vermischen und in die Pfanne geben, gut durchrühren, bis sich alles erhitzt hat.

Zum Schluss das Gericht mit dem Reiswein abschmecken. Mit dem Koriander bestreuen und heiß servieren.

Info: Sesamöl hat ein nussiges Aroma. Es ist reich an Vitaminen und Nährstoffen. Aufgrund seiner Inhaltsstoffe wird es auch in der Naturheilkunde, z. B. gegen Kopfschmerzen und Schlafstörungen eingesetzt.

| Winter

GEMÜSEEINTOPF G

Zutaten für 4 Personen:

1 Lauchstange	2 Lorbeerblätter
1 roter Paprika	1 EL Rosmarinnadeln, gehackt
1 gelber Paprika	1 EL Thymianblätter
1 grüner Paprika	400 g weiße Bohnen (Dose)
2 Zwiebeln	400 g Kichererbsen (Dose)
3 Knoblauchzehen	120 g schwarze entkernte Oliven
3 EL Olivenöl	Salz
1,5 l Gemüsesuppe	Pfeffer
4 EL Tomatenmark	

Zubereitung:

Lauch der Länge nach durchschneiden, waschen und in 1 cm große Ringe schneiden. Paprika in Streifen schneiden, Zwiebeln und Knoblauch fein würfeln.

Öl in einem großen Topf erhitzen, Zwiebeln und Knoblauch anschwitzen, anschließend Lauch und Paprika kurz mit anbraten, mit Gemüsesuppe aufgießen. Lorbeerblätter, Tomatenmark und die Kräuter dazugeben. 20 Min. bei geschlossenem Topf kochen.

Anschließend die (abgetropften) Bohnen und Kichererbsen sowie die Oliven in die Suppe geben. Ca. 10 Min. kochen. Lorbeerblätter entfernen.

Sollte die Suppe zu dick sein, mit etwas Gemüsesuppe aufgießen. Mit Salz und Pfeffer abschmecken.

TIPP: Dazu passt geröstetes Schwarzbrot.

Zucchinipasta Aglio et Olio G

Zutaten für 4 Personen:
4 Zucchini
4 EL Olivenöl
4 Knoblauchzehen
1 TL Peperoniflocken
½ TL Salz
½ TL Pfeffer
60 g Parmesan

Außerdem:
Spiralschneider

Zubereitung:

Zucchini waschen, die Enden abschneiden und mit dem Spiralschneider in Spaghetti schneiden.

Knoblauch fein hacken. Parmesan reiben.

In einer flachen Pfanne das Olivenöl erhitzen und Knoblauch, Peperoniflocken, Salz und Pfeffer 30 Sek. anbraten. Zucchini-Spaghetti dazugeben und 5 Min. erhitzen, bis sie weich sind.

Anschließend auf zwei Teller verteilen und zusammen mit Parmesan servieren.

 Eine gesunde und kalorienarme Variante!

| Winter

Pochierter Saibling
im Karottensud mit Lauchsprossen

Zutaten für 4 Personen:

200 g Kartoffeln
4 3 mm dicke Scheiben Ingwersud
1 zerdrückte Knoblauchzehe
Schale einer ½ Bio-Zitrone (im Ganzen)
500 ml Fischfond
Salz
250 g Karotten
2 Jungzwiebeln
400 g Saiblingsfilet
50 g Lauchsprossen

Zubereitung:

Kartoffeln schälen und in dünne Scheiben schneiden. Die Kartoffeln mit Ingwer, Knoblauch und der Zitronenschale im leicht gesalzenen Fischfond 10 Min. garen.

Karotten schälen und mit dem Spiralschneider in dünne Fäden schneiden. Den Jungzwiebel in feine Streifen schneiden.

Die Saiblingsfilets in 8 große Stücke schneiden und mit den Karotten, Zwiebeln und der Hälfte der Sprossen in den Fond geben. 8 Min. ziehen lassen. Anschließend den Fisch aus dem Sud nehmen, Ingwer, Knoblauch und die Zitronenschale entfernen.

Gemüse in Suppentellern anrichten und pro Teller 2 Fischstücke darauf legen. Sud 1 x aufkochen und heiß über Gemüse und Fisch gießen. Mit den restlichen Sprossen garnieren und sofort servieren.

Linsenbolognese mit Bandnudeln G

Zutaten für 4 Personen:

150 g Karotten
150 g Sellerie
1 Stange Porree
1 Zwiebel
3 Knoblauchzehen
50 g getrocknete Tomaten
Thymian, Petersilie, Rosmarin
3 EL Olivenöl
125 ml Rotwein

400 g geschälte Tomaten (aus der Dose)
1 EL Tomatenmark
750 ml Gemüsesuppe
2 Lorbeerblätter
Salz, Pfeffer
150 g grüne Linsen
500 g Bandnudeln
Parmesan

Zubereitung:

Karotten und Sellerie putzen und fein schneiden, Zwiebel und Knoblauch schälen und fein würfeln. Porree in feine Scheiben schneiden. Die getrockneten Tomaten schneiden. Gewürze fein hacken.

In einem Topf Öl erhitzen, Karotten und Sellerie kurz anschwitzen, dann Zwiebel, Porree und Knoblauch dazugeben und glasig dünsten. Mit dem Rotwein ablöschen. Anschließend Tomaten, Tomatenmark, Lorbeerblätter, Salz, Pfeffer und Gemüsesuppe dazugeben und kurz aufkochen lassen. Gehackte Kräuter und Linsen dazugeben und ca. 20 Min. köcheln lassen, bis die Linsen bissfest sind.

Nudeln nach Packungsanleitung al dente kochen, abgießen, dabei 200 ml des Kochwassers aufbewahren. Linsenbolognese mit dem Nudelwasser mischen und kräftig würzen.

Nudeln mit Linsenbolognese in tiefen Tellern anrichten und mit Parmesan bestreuen.

| Winter

ZITRONENHUHN MIT OLIVEN G

Zutaten für 4 Personen:
1 Huhn
4 Thymianzweige
3 Bio-Zitronen
4 Knoblauchzehen
4 EL Zitronensaft
4 EL Rapsöl
300 ml Hühnersuppe
750 g speckige Kartoffeln
12 grüne Oliven

Zubereitung:

Rohr auf 200 °C aufheizen.

Huhn innen und außen waschen, trocken tupfen, mit Salz und Pfeffer würzen.

2 Zitronen mit einem Spieß mindestens 25 x einstechen. Huhn mit gehackten Thymianzweigen, Knoblauch und den Zitronen füllen. Mit Zahnstochern verschließen.

Huhn in eine Bratpfanne setzen, mit Zitronensaft und Öl übergießen. Kartoffeln schälen, halbieren und mit den Zitronenscheiben dazugeben. Mit Salz und Pfeffer würzen. Auf der unteren Schiene 30 Min. garen, anschließend Temperatur auf 180 °C senken und die Oliven dazugeben. Eine weitere Stunde braten, dabei immer wieder mit dem Bratensaft übergießen.

Huhn aus dem Backrohr nehmen und 5 Min. rasten lassen. Anschließend mit Kartoffeln und Olivenscheiben anrichten.

Schokolade-Mousse-Torte mit Chili, Zimt und Vanille

Für eine Springform (20 cm)

200 g Butter
200 g dunkle Schokolade (70 %)
1 Prise Salz
½ TL Zimt
Mark einer halben Vanilleschote
1 Msp. Chilipulver
1 Schuss Cointreau
6 Eier
60 g Zucker
100 ml Schlagobers
4 filetierte Orangenscheiben

Zubereitung:

Butter und Schokolade im Wasserbad schmelzen lassen. Dabei ab und zu umrühren. Mit Salz, Zimt, Vanille, Chilli und Contreau würzen.

Die Eier trennen, Eigelb mit 30 g Zucker cremig aufschlagen. Eiweiß mit restlichem Zucker zu Schnee schlagen.

Geschmolzene Schokolade unter die Eigelb-Masse ziehen und den Schnee vorsichtig unterheben. Eine Springform mit Backpapier auslegen, Teig einfüllen und für ca. 20–25 Min. bei 180 °C backen.

Schokoladenmousse mit den Orangenscheiben belegen und mit Schlagobers servieren.

Weihnachtstrifle

Zutaten für 6 Personen:
1 Pkg. Vanillepuddingpulver
½ l Milch
2 EL Zucker
½ TL Lebkuchengewürz
250 g Schlagobers
350 g Biskuit oder Früchtebrot
insgesamt 400 g Früchte

Früchte:
Es eignen sich Pfirsiche, Kirschen aus dem Glas, oder tiefgefrorene Himbeeren, Heidelbeeren (diese vor der Verwendung langsam auftauen lassen)

TIPP: Wer möchte, kann das Biskuit auch mit etwas Rum oder Orangenlikör tränken.

Zubereitung:

Pudding nach Anleitung kochen.

Schlagobers mit Zucker und Lebkuchengewürz steif schlagen und unter den ausgekühlten Pudding ziehen.

Biskuit oder Früchtebrot in ca. 2 cm große Würfel schneiden.

In einer schönen Schüssel (oder in Gläsern) im Wechsel Biskuit, Früchte, Pudding schichten, anschließend 3 Std. gut durchziehen lassen.

Heisser Bratapfeltee

Zutaten:
¼ l naturtrüben Apfelsaft
¼ l Wasser
1 TL Walnüsse
1 TL Rosinen
1 kl. Stk. Zimtrinde und eine Vanilleschote
1 Stk. Galgantwurzel oder Ingwer

Erinnerungen an die Kindheit kommen auf! Ein herrlich basisches Getränk mit wärmenden Gewürzen an kalten Wintertagen.

Zubereitung:

Alle Zutaten 10 Min. heiß ziehen lassen, abseihen und genießen.

| Winter

GEFÜLLTER APFEL MIT TOPFENSOUFFLE ⬜G

Zutaten für 4 Personen:

4 größere säuerliche Äpfel
flüssige Butter
250 g Topfen (20 %)
3 Eidotter
2 Pkg. Vanillezucker
40 g Staubzucker
1 EL Rum
Schale einer ½ Bio-Zitrone

3 Eiweiß
60 g Kristallzucker
Butter zum Ausstreichen
Staubzucker zum Bestreuen

Zubereitung:

Äpfel gut waschen und abtrocknen.

Äpfel auf der Unterseite gerade schneiden, oberes Viertel wegschneiden, Stiel belassen.

Apfel mit einem Kugelstecher aushöhlen und mit der flüssigen Butter ausstreichen.

Topfen, Eidotter, Staub- und Vanillezucker, Rum und abgeriebene Zitronenschale glatt rühren.

Eiweiß mit Kristallzucker zu steifem Schnee schlagen und unter die Topfenmasse heben. Die Masse mit einem Dressiersack zwei Drittel hoch in die Äpfel füllen, damit das Souffle aufgehen kann.

Pfanne mit Butter ausstreichen, die gefüllten Äpfel und die Oberteile hineingeben. Bei 180 °C ca. 25 Min. backen.

Äpfel auf einen Teller geben, die oberen Teile daraufsetzen und mit Staubzucker bestreuen.

| Winter – Spezial

Das „rheumatische" Weihnachtsmenü

Das „rheumatische" Weihnachtsmenü

Weihnachten ist eine besondere Zeit. Es wird mehr und reichlicher gegessen als sonst. Und das darf meiner Meinung auch so sein, denn man wird nicht dick zwischen Weihnachten und Neujahr, sondern zwischen Neujahr und Weihnachten!

Natürlich sollte auch die Frau des Hauses Zeit haben, die weihnachtliche Atmosphäre zu genießen. Deshalb empfiehlt es sich, ein Menü auszusuchen das gut schmeckt, keine stundenlangen Vorbereitungen benötigt, gut vorzubereiten ist und nach Möglichkeit gesunde Zutaten enthält.

Hier mein Vorschlag für ein Weihnachtsmenü aus „rheumatologischer Sicht":

Als **Aperitif** empfehle ich einen **trockenen Martini.** Er regt die Magensäfte an und bereitet so die Verdauung vor.

Als **Vorspeise** empfehle ich eine **Zeller-Rahm-Suppe mit Forellenfilet** (wenn möglich aus heimischer Fischerei!). Das im Zeller enthaltene Quercetin hat viele positive Eigenschaften. Es lindert Allergien, senkt erhöhtes Cholesterin, hilft Arterienverkalkung und verschiedene Krebsarten (Magen-, Lungen-, Bauchspeichel- und Brustkrebs) vorzubeugen. Das im Rahm enthaltene Kalzium schützt unsere Knochen und über die positiven Wirkungen des Fisches habe ich ja schon im 1. Teil des Buches berichtet.

Zum **Hauptgang** gibt es **Entenbrust mit Balsamico-Rotkraut und Karamellbirnen.** Geflügel gehört zu den aracidonsäure-

armen Fleischarten und kann ohne schlechtes Gewissen gegessen werden. Das Rotkraut ist eine richtige Vitaminbombe. Mit einer Portion kann man den Tagesbedarf an Vitamin C decken. Zusätzlich enthält es Kalium, Kalzium, Eisen und Phosphor.

Den **Abschluss** des Menüs bildet ein **Schoko-Mocca-Mousse**. Es hat den Vorteil, dass man es sehr gut vorbereiten kann. Außerdem hat eine Schokolade mit hohem Kakaoanteil sehr viele Vorteile. Es reduziert die Herzinfarkthäufigkeit, hält wach, fördert die Durchblutung und ist gesund. Und sie macht schlau. In einer Studie des New England Journal of Medicine konnte nachgewiesen werden, dass Länder mit einem hohen Schokoladeanteil mehr Nobelpreise gewinnen.

Kaffee hilft u. a. den Kohlenhydratstoffwechsel positiv zu beeinflussen. Und das ist in den Weihnachtstagen dringend notwendig.

Neben Wasser empfehle ich Rotwein zum Menü zu reichen. Wein darf von Rheumapatienten in geringem Maße genossen werden. In einer schwedischen Studie konnte gezeigt werden, dass dadurch das Risiko, an einer rheumatischen Arthritis zu erkranken, gesenkt werden kann. Bei bereits Betroffenen können die Beschwerden gelindert werden. Alkohol unterdrückt die Aktivität des Immunsystems und somit die Entzündung in den Gelenken. Weiters wird eine schmerzstillende Wirkung vermutet. Wie immer gilt auch hier der Grundsatz: „Die Dosis macht das Gift".

Den **Abschluss** bildet ein **Espresso**.

| Winter – Spezial

Das „rheumatische" Weihnachtsmenü

Zeller-Rahm-Suppe mit Forellenfilet

Zutaten (4 Personen):

750 g Knollenzeller mit grünen Blättern
1 weiße Zwiebel
250 ml Weißwein
250 ml Sauerrahm
500 ml Gemüsesuppe
2 EL Zitronensaft
200 g Forellenfilet
2 EL Rapsöl
Salz, Cayennepfeffer, Muskat

Zeller schälen und in grobe Stücke würfeln, mit Zitronensaft beträufeln. Einige Blätter aufheben und in feine Streifen schneiden. Die Zwiebel schälen und im Rapsöl anschwitzen. Zeller dazugeben und mit Suppe und Wein ablöschen. 10 Min. köcheln lassen.

Suppe mit dem Stabmixer pürieren, anschließend unter ständigem Rühren den Sauerrahm dazugeben. Würzen.

Nochmals kurz mit dem Stabmixer mixen, damit eine schöne Konsistenz besteht.

Die Forellenfilets in mundgerechte Stücke schneiden.

Die Suppe in hohen Tellern anrichten, die Forellenfilets einlegen.

Entenbrust mit Balsamico-Rotkraut

Zutaten (4 Personen):

400 g Entenbrüste

400 g Rotkraut (darf auch tiefgefroren sein)

4 EL Balsamico

1 EL Butter

1 EL Rapsöl

50 ml Suppe

Salz, Pfeffer

½ TL Lebkuchengewürz (als „weihnachtliche Note")

Das Backrohr auf 180 °C vorheizen. Die Entenbrüste auf der Haut einschneiden (Achtung: das Fleisch nicht verletzen). Salzen und pfeffern. In einer feuerfesten Pfanne in einem EL Rapsöl scharf anbraten. Fleisch in der Pfanne (wenn keine feuerfeste Pfanne vorhanden ist, auf einem Backblech) 20 Min. garen, immer wieder mit dem Bratfett übergießen. Das Kraut in einem Topf mit 1 EL Butter anbraten. Mit Balsamico ablöschen, mit Salz, Pfeffer und, wenn gewünscht, mit einem ½ TL Lebkuchengewürz würzen. 5 Min. ziehen lassen. Fleisch aus dem Rohr nehmen und 5 Min. zugedeckt rasten lassen. Entenbrüste in 1 cm dicke Scheiben schneiden. Den Bratenrückstand mit etwas Suppe kurz aufkochen, abschmecken. Fleisch mit dem Rotkraut anrichten und mit etwas Bratensaft beträufeln.

TIPP: Als Beilage: Kartoffeln, Serviettenknödel

| Winter – Spezial

Das „rheumatische" Weihnachtsmenü

Schoko-Mocca-Mousse

Zutaten (8 kleine Gläser):

400 ml Schlagobers
160 g Bitterschokolade
4 EL starker Mocca
1 Ei, 3 Dotter
1 EL Kristallzucker
1 TL Vanillezucker
8 EL Beerenragout (es kann ein fertiges Produkt, z. B. von Darbo, verwendet werden)
8 Kumquats
Schokoladestreusel

Schlagobers cremig schlagen und zugedeckt kalt stellen. Die Schokolade in kleine Stücke teilen, in eine Metallschüssel geben und im Wasserbad langsam unter ständigem Rühren wärmen. Achtung: Das Wasser sollte nicht heißer als 36 °C werden, da die Schokolade sonst verklumpt. Den Mocca langsam unterrühren.

In einer Schüssel das Ei, die Dotter, Kristall- und Vanillezucker über Dampf dickcremig aufschlagen, anschließend vom Dampf nehmen und unter Rühren etwas abkühlen lassen. Dann die lauwarme Schokoladen-Mocca-Mischung einrühren. Die Hälfte des Schlagobers zügig unter die Masse rühren, die andere Hälfte unterheben.

Die Beerenmischung auf die Gläser verteilen, Mousse einfüllen, zudecken und 4 Std. kühlen.

30 Min. vor dem Servieren aus dem Kühlschrank nehmen. Die Kumquats in feine Scheiben schneiden. Mousse mit Kumquats und den Schokostreuseln dekorieren.